겁 없는 거북이 영어 여행회화

ENGLISH

겁 없는 거북이 영어 여행회화

초판 1쇄 발행 2019년 3월 30일

저자 삼지 외국어 연구회
발행인 이재명
발행처 삼지사
출판등록 1983년 8월 1일 제4-6호
주소 경기도 파주시 산남로 47-10
전화 031) 948-4502/4564
팩스 031) 948-4508

ISBN 978-89-7358-522-9 03740
정가 9,000원

겁 없는 거북이 영어 여행회화

ENGLISH

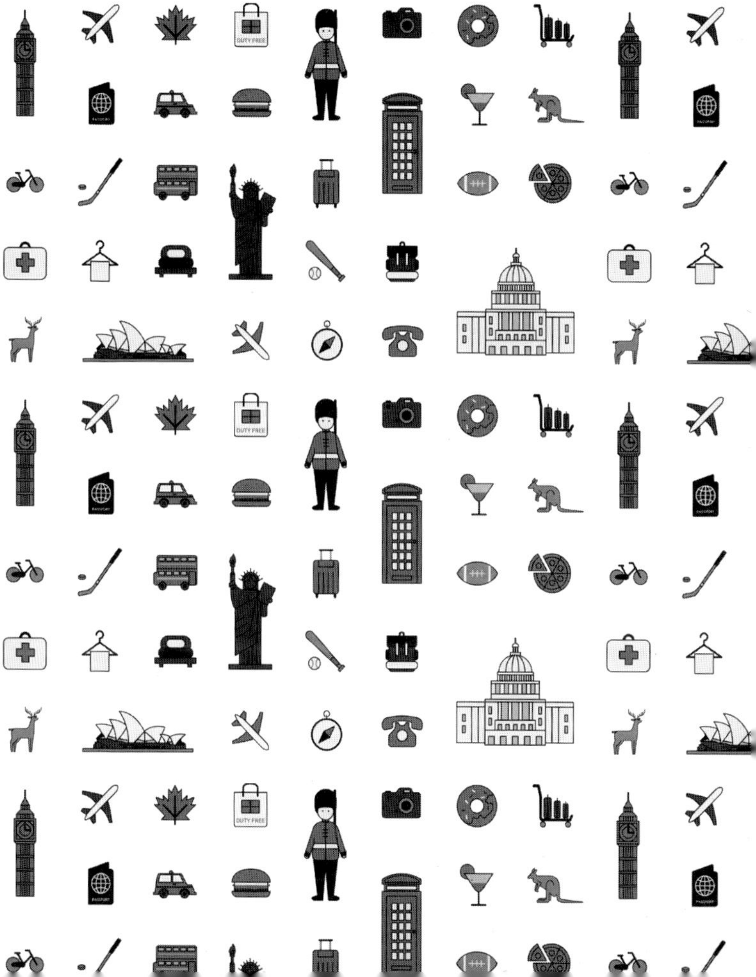

21세기 접어들며 많은 사람들이 키워드로 손꼽았던 단어가 바로 '지구촌'이었습니다. 그 21세기의 반의 반도 지나지 않은 이 시점 지구촌이란 단어가 '촌'스럽게 느껴지는 것은 그만큼 세계가 이미 우리에게 다가와 국외보다는 그저 하나의 지역으로 느껴지는, 세계관의 전 지구적 확대가 이루어졌기 때문일 것입니다.

이러한 흐름 속에서 우리에게 해외여행이란 더 이상 해외로 간다는 사실 자체보다, '어디'로 갈 것인지가 더 중요한 선택의 문제가 되었습니다. 세계는 각자의 지역색과 매력을 가지고, 우리에게 새로운 경험을 선사하길 손짓하고 있습니다.

여행이 선사하는 일상에서의 자유로움, 새로운 지역과 새로운 사람들의 신선함 그리고 경험의 확장에서 오는 교훈까지, 그 모든 훌륭함에도 여행을 망설이게 되는 가장 큰 이유는 불안감이라 생각합니다. 특히 언어 문제로 인한 의사소통의 한계는, 낯선 지역을 탐험해야 할 우리의 가장 큰 장애물이라고 할 것입니다. 이 책은 그 불안을 어느 정도 해소하고, 여행의 즐거움에 일조하고자 하는 의도에서 제작되었습니다.

책은 수많은 여행의 경우 속에서도 공통적으로 발생할 수 있는 상황을 가정하여, 그중 높은 빈도로 이루어지는 대화를 위주로 서술하고자 하였습니다. 단순히 필요한 말을 찾아 건넬 뿐이 아닌, 상대의 답변을 큰 흐름 속에 이해할 수 있도록 구성하였습니다. 발음단위에 기초한 음차를 중심으로 적어, 그 소리로 의미를 추측할 수 있도록 하였습니다. 몇 가지 핵심 단어들을 이용한다면, 간단한 응용을 통해 다양한 상황에 적용할 수 있을 것입니다. 급할 경우, 표현 자체를 책에서 짚어 상대에게 보여줄 수 있는 간단한 회화사전의 역할 또한 염두에 두었습니다.

본 내용에 앞서 이 책을 이용하시는 분들께 꼭 전해드리고 싶은 말은, 상대 역시 내가 외국인임을 알고 있다는 걸 잊지 마시라는 점입니다. 우리 역시 한국을 찾은 외국인이 어눌하게나마 한국말로 길을 물으면, 최대한 쉽고 친절하게 설명해주고자 하듯, 그들 역시 현지를 방문한 외국인에게 유창한 현지 언어를 기대하는 것은 아닙니다. 두려워하지 마시고, 책의 내용을 최대한 활용하시어 의사소통을 해내고 정보를 얻으시길 바랍니다. 언어의 형태만이 다를 뿐, 그 의미는 모두 같음을 기억하시길 바랍니다.

삼지사의 책과 함께하는 모든 여러분의 여행이 아름답기를 바랍니다. 다양한 상황 속에서의 새로운 경험들이 빛나는 추억이 될 수 있도록, 안전한 여행이 되시길 기원합니다. 감사합니다.

삼지사 외국어 연구회

이 책의 특징

• 진행 순서에 맞는 구성!

책 내용을 여행 준비단계에서 시작하여 다시 집으로 돌아오기까지 순차적으로 구성하여 여행 계획을 세울 때 길잡이가 되어줍니다.

• 오디오로 들으며 정확한 발음으로!

오디오를 통해 우리말 표현과 영어 표현을 번갈아 들으며 보다 정확한 발음으로 연습할 수 있습니다.

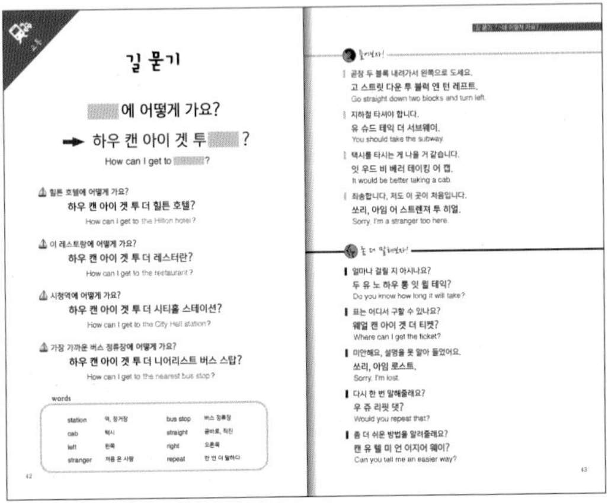
길 묻기

에 어떻게 가요?

→ 하우 캔 아이 겟 투 ?

How can I get to ?

힐튼 호텔에 어떻게 가요?
하우 캔 아이 겟 투 더 힐튼 호텔?
How can I get to the Hilton hotel?

이 레스토랑에 어떻게 가요?
하우 캔 아이 겟 투 더 레스터란?
How can I get to the restaurant?

시청역에 어떻게 가요?
하우 캔 아이 겟 투 더 시티홀 스테이션?
How can I get to the City Hall station?

가장 가까운 버스 정류장에 어떻게 가요?
하우 캔 아이 겟 투 더 니어리스트 버스 스탑?
How can I get to the nearest bus stop?

words

station	역, 정거장	bus stop	버스 정류장
cab	택시	straight	곧바로, 직진
left	왼쪽	right	오른쪽
stranger	처음 온 사람	repeat	한 번 더 말하다

42

들어보자!

곧장 두 블록 내려가서 왼쪽으로 도세요.
고 스트릿 다운 투 블럭 앤 턴 레프트.
Go straight down two blocks and turn left.

지하철 타셔야 합니다.
유 슈드 테익 더 서브웨이.
You should take the subway.

택시를 타시는 게 나을 거 같습니다.
잇 우드 비 베러 테이킹 어 캡.
It would be better taking a cab.

죄송합니다, 저도 이 곳이 처음입니다.
쏘리, 아임 어 스트렌저 투 히얼.
Sorry. I'm a stranger too here.

좀 더 말해보자!

얼마나 걸릴 지 아시나요?
두 유 노 하우 롱 잇 윌 테익?
Do you know how long it will take?

표는 어디서 구할 수 있나요?
웨얼 캔 아이 겟 더 티켓?
Where can I get the ticket?

미안해요, 설명을 못 알아 들었어요.
쏘리, 아임 로스트.
Sorry. I'm lost.

다시 한 번 말해줄래요?
우 쥬 리핏 댓?
Would you repeat that?

좀 더 쉬운 방법을 알려줄래요?
캔 유 텔 미 언 이지어 웨이?
Can you tell me an easier way?

43

• 문장 활용하기!

각 장마다 해당 테마에서 가장 많이 사용하는 문장의 패턴을 통해 네모칸 안의 단어만 바꾸어 여러가지 경우에 사용할 수 있습니다.

• 들을 수도 말할 수도 있다!

각 장마다 테마에 맞추어 들어야할 말과 해야 할 말을 나누어 알려주고 있기 때문에 여행에서 맞닥뜨리는 상황에 대처할 수 있습니다.

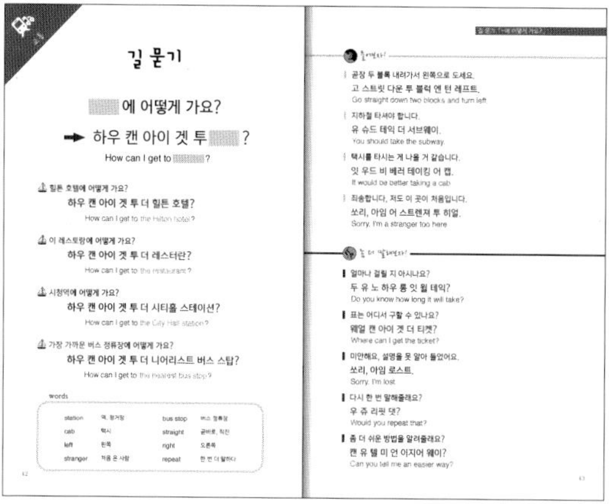

• 여행 정보까지 한번에!

해외여행중 도움이 되는 여행정보를 중간중간에 삽입하여 여행중 만나는 여러 상황에서 도움이 될 수 있게 하였습니다.

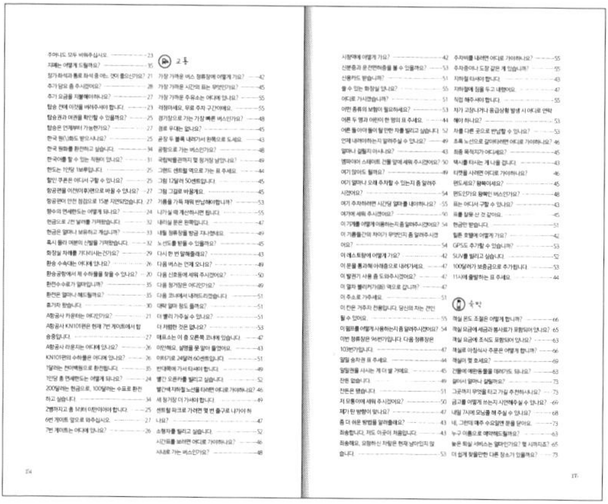

• 한번에 찾을 수 있는 인덱스!

급한 상황에서 필요한 문장을 바로 찾을 수 있도록 책의 마지막 부분에 인덱스를 넣었습니다.

목차

PASSPORT

여행 준비

여행 스타일 결정하기

여권 만들기

국제운전면허증 발급

여행자 보험

유용한 여행 팁

기본 회화

여행 준비하기

여행 스타일 결정하기

자유여행

준비부터 숙소 선택, 관광 일정을 여행자가 결정하는 여행을 말한다. 인터넷의 발달로 많은 정보를 쉽게 접할 수 있게 되어 점점 많아지고 있는 여행스타일이다. 개개인의 관심 분야와 성향에 따라 다르게 계획을 세울 수 있다. 자신이 원하는 지역에 자신이 원하는 날짜, 기간에 맞춰 일정을 조율 할 수 있기 때문에 단체로 여행을 하는 것보다 효율적인 여행을 할 수 있다.

그러나 현지에서 모든 상황을 스스로 결정해야 해야하기 때문에 언어 장벽이나 시간 조절에 따른 심적 부담이 따르며 준비가 미흡할 경우에는 우왕좌왕하다가 돌아올 수도 있다. 자유 여행이라면 넉넉하게 시간을 잡아 준비를 시작하는 것이 좋다.

패키지

한국인 가이드가 동행하여 현지에서 관광버스를 이용해 함께 이동하며 관광하는 단체 관광여행이다.

모든 여행의 일정은 미리 짜여있으며 여행자가 따로 준비하지 않아도 가이드에게 도움을 받을 수 있어 편하게 여행 할 수 있다.

단체로 호텔이나 교통을 이용하기 때문에 비교적 저렴하게 여행을 할 수 있지만 정해진 일정에 따라야 하기 때문에 개인 시간을 즐기기 어렵고 현지에서의 옵션이나 쇼핑을 강요받을 수 있다.

현지 투어

현지에 도착해 투어에 참가하는 것을 말한다. 자유 여행, 어학연수, 출장 등 여러 일정 중에 참가할 수 있다.

현지 투어에는 한인 투어와 현지 여행사 투어가 있으며 언어의 장벽이 있다면 한인 투어를 이용하는 것이 좋다. 참가자들도 대부분 한국인이다.

여권 만들기

다음의 구비서류를 준비하여 해당 구청이나 시청, 도청 등 담당 기관에 직접 찾아가서 신청한다.

여권의 종류

여권은 발급 후 10년간 사용가능한 일반 여권과 발급 후 1년이내에 1회만 사용할 수 있는 단수 여권이 있다. 35~37세 병역 미필 남성은 단수 여권만 발급가능하다.

구비서류 (18세 이상 일반인 기준)

여권 발급 신청서

해당 기관에서 작성할 수 있다. 또한 인터넷에서 사전에 다운받아 작성 가능하다.

여권용 사진

6개월 이내에 촬영한 사진. 단, 전자 여권이 아닌 경우 2매 (3.5cm x 4.5cm)

신분증

신분증은 사진과 주민등록번호를 비롯한 신원 정보가 보안요소와 함께 기재되어 있는 유효기간 이내의 국가기관 발행 신분 증명서를 말한다.

수수료

<table>
<tr><td rowspan="8">전자여권,
사진 전자식 여권</td><td rowspan="7">복수여권</td><td colspan="2" rowspan="2">10년이내
(18세 이상)</td><td>48면</td><td>53,000원</td></tr>
<tr><td>24면</td><td>50,000원</td></tr>
<tr><td rowspan="4">5년
(18세 미만)</td><td rowspan="2">8세 이상</td><td>48면</td><td>45,000원</td></tr>
<tr><td>24면</td><td>42,000원</td></tr>
<tr><td rowspan="2">8세 미만</td><td>48면</td><td>33,000원</td></tr>
<tr><td>24면</td><td>30,000원</td></tr>
<tr><td colspan="2">5년 미만</td><td>24면</td><td>15,000원</td></tr>
<tr><td>단수여권</td><td colspan="3">1년 이내</td><td>20,000원</td></tr>
<tr><td>사진 부착식 여권</td><td>단수여권</td><td colspan="3">1년 이내</td><td>15,000원</td></tr>
</table>

병역 관계 서류

25세~37세 병역미필 남성 : 국외여행 허가서
18세~24세 병역 미필 남성 : 없음
기타 18세~37세 남성 : 주민등록 초본 또는 병적증명서 (행정정보 공동이용망을 통해 확인가능한 경우 제출 생략)

※ 여권 재발급시 유효기간이 남아있는 여권은 반드시 지참하고 방문한다.(천공 처리 후 돌려준다.)

국제운전면허증 발급

국제운전면허증은 '도로교통에 관한 협약'에 가입한 국가에 한하여 내주는 허가증이므로 외국에서 운전할 때에는 국제운전면허증과 함께 자국의 면허증, 여권을 소지하여야 한다.

신청장소	• 전국 운전 면허 시험장 및 경찰서 • 인천공항 국제 운전 면허 발급 센터 • 도로교통공단과 협약 중인 지방자치단체 220개소 (발급 기관 보기) -단, 지방자치단체에서는 여권을 신청하는 경우에 한하여 국제운전면허증도 동시에 신청가능 (국제운전면허증만 신청 불가) ※ 경찰서에서 신청할 경우 방문 전 국제운전면허증 발급 가능여부를 확인후, 신용카드 또는 체크카드 지참하여 신청
준비물	• 본인 신청 시 : 본인 여권 (사본가능), 운전면허증, 6개월 이내 촬영한 여권용 사진 1매 (3.5cm x 4.5cm, 여권용 사진 이외는 불가) • 대리인 신청 시 : 본인 여권 (사본가능), 운전면허증, 6개월 이내 촬영한 여권용 사진 1매 (3.5cm x 4.5cm, 여권용 사진 이외는 불가), 대리인 신분증, 위임장 (위임장은 도로교통공단 홈페이지에서 다운로드하여 작성) • 본인이 외국에 있는 경우 출입국사실증명서 제출하는 경우에 신분증 사본가능, 여권에 표시된 영문 이름 반드시 알고 있어야 함 ※ 대한민국 여권을 소지한 내국인의 경우, 여권 영문 성명은 행정정보 공동이용 동의 시 조회 가능 • 외국 국적을 가진 국내면허 소지자 국제면허발급 안내 - 준비물 : 본인 여권, 운전면허증, 6개월 이내 촬용한 여권용 사진 1매 (3.5cm x 4.5cm, 여권용 사진 이외는 불가) 1매
유효 기간	발급일로부터 1년 국내면허 정지 기간에 국제운전면허증의 발급을 신청하시면, 정지기간 종료일 다음날부터 1년간 유효한 국제면허증이 발급된다.
수수료	8,500원

여행자 보험

여행 중 발생할 수 있는 사고나 질병, 도난등에 대비하는 보험으로 보험 가입 기간이 여행 기간으로 한정되어 있어 큰 비용이 들지 않는다.
도난시에는 현지 경찰서에서 도난 신고서를 작성하면 소정의 보상을 받을 수 있으며 병원 치료를 받았을 경우에는 진단서와 영수증 등을 챙겨두었다가 귀국 후 보상 받을 수 있다.

KB손해보험
홈페이지 www.kbinsure.co.kr
전화 1544-0114

삼성화재
홈페이지 www.samsungfire.com
전화 1588-5114

동부화재
홈페이지 www.idbins.com
전화 1588-0100

메리츠화재
홈페이지 www.meritzfire.com
전화 1566-7711

유용한 여행 팁

- 여행하는 해당 국가가 사용하는 전압을 사전에 알아두어 멀티탭을 준비하는 것이 좋다.
- 만약을 대비해 미리 수첩이나 휴대폰에 중요한 내용들을 인쇄 혹은 저장해 두는 것이 좋다.
- 기내 반입 금지 품목과 휴대 수하물 제한 규정을 확인하여 공항에서 곤란하지 않도록 한다.
- 준비물 체크 리스트를 만들어 짐을 싸기 전에 체크하는 것이 좋다.

준비물 체크 리스트	
☐ 여권	☐ 빗
☐ 여권사본	☐ 손톱깎이
☐ 항공권 (E-ticket)	☐ 물티슈
☐ 현금	☐ 생리용품
☐ 해외사용 가능 카드	☐ 비상약
☐ 여행자보험	☐ 속옷
☐ 숙소바우처	☐ 양말
☐ 신분증	☐ 상의
☐ 국제면허증	☐ 하의
☐ 일정표	☐ 걸칠 옷
☐ 가이드북	☐ 편한 옷
☐ 한국돈	☐ 잠옷
☐ 메모용지	☐ 수영복
☐ 볼펜	☐ 시계
☐ 휴대폰 충전기	☐ 슬리퍼, 운동화
☐ 카메라	☐ 모자
☐ 카메라 충전기	☐ 선글라스
☐ 화장품	☐ 우산
☐ 세면도구	☐
☐ 면도기	☐

기본 회화

안녕하세요! **하이!** Hi!	안녕하세요? **하우 아 유?** How are you? ※ 잘 지내요? 라는 의미로 파인(fine)이나 굿(good) 정도로 대답해주는 것이 좋다.	실례합니다. **익스큐즈 미.** Excuse me.
좋은 아침! **굿 모닝!** Good morning!	제 이름은 박우진 입니다. **마이 네임 이즈 우진 박.** My name is Woojin Park.	만나서 반갑습니다. **나이스 투 밋 츄.** Nice to meet you.
죄송합니다. **아임 쏘리.** I'm sorry.	고맙습니다 **땡큐** Thank you	천만에요. **유 아 웰컴.** You are welcome.
괜찮습니다. **댓츠 오케이.** That's OK.	고맙습니다만, 사양할께요. **노 땡스.** No thanks.	네, 그렇게 해주세요. **예스 플리즈.** Yes please.

어디서 오셨나요? **웨얼 아 유 프롬?** Where are you from?	한국에서 왔습니다. **아임 프롬 코리아.** I'm from Korea.	영어 할 줄 아세요? **두 유 스픽 잉글리쉬?** Do you speak English?
영어 못해요. **아이 돈 스픽 잉글리쉬.** I don't speak English.	뭐라고 하셨죠? **파든?** Pardon?	못 알아들어요. **아이 돈 언더스텐드.** I don't understand.
도와주세요. **플리즈 헬프 미.** Please help me.	화장실은 어디에요? **웨얼 이즈 더 레스트룸?** Where is the restroom?	이거 괜찮습니까? **이즈 잇 오케이?** Is it OK?
즐거운 하루 되세요. **해 버 나이스 데이.** Have a nice day.	잘가요. **바이.** Bye.	또 만나요. **씨 유.** See you.

기본 단어

숫자

1	one	원
2	two	투
3	three	쓰리
4	four	포
5	five	파이브
6	six	식스
7	seven	세븐
8	eight	에잇
9	nine	나인
10	ten	텐
11	eleven	일레븐
12	twelve	투웰브
13	thirteen	썰틴
14	fourteen	폴틴
15	fifteen	피프틴
16	sixteen	식스틴
17	seventeen	세븐틴
18	eightteen	에잇틴
19	nineteen	나인틴
20	twenty	트웨니
21	twenty one	트웨니 원
22	twenty two	트웨니 투
30	thiry	써리
40	fourty	포리
50	fifty	피프티
60	sixty	식스티
70	seventy	세븐티
80	eighty	에잇티
90	ninety	나인티
100	one hundred	원 헌드레드

1000	one thousand	원 싸우전드
1만	ten thousand	텐 싸우전드
10만	one hundred thousand	원 헌드레드 싸우전드
100만	one million	원 밀리언
1000만	ten milion	텐 밀리언
1억	one hundred milion	원 헌드레드 밀리언
10억	one billion	원 빌리언

월

1월	January	재뉴어리
2월	February	페브러리
3월	March	마치
4월	April	에이프릴
5월	May	메이
6월	June	준
7월	July	줄라이
8월	August	어거스트
9월	September	셉템버
10월	October	악토버
11월	November	노벰버
12월	December	디셈버

요일

월요일	Monday	먼데이
화요일	Tuesday	튜즈데이
수요일	Wednesday	웬즈데이
목요일	Thursday	써스데이
금요일	Friday	프라이데이
토요일	Saturday	세러데이
일요일	Sunday	썬데이

공항, 기내

발권, 체크인

보안 검색

면세점 이용

탑승, 환승

기내 서비스

입국 심사

세관, 수하물

환전

출국절차

면세점 이용

입국신고서 작성

세관신고서 작성

발권, 체크인

______ 할 수 있나요?

→ 캔 아이 ______ ?

Can I ______ ?

제 자리를 바꿀 수 있나요?

캔 아이 체인지 마이 씻?

Can I change my seat?

제 아내와 함께 앉을 수 있나요?

캔 아이 씻 투게더 위드 마이 와이프?

Can I sit together with my wife ?

제가 기내에 이걸 들고 탈 수 있나요?

캔 아이 캐리 디스 온 더 플레인?

Can I carry this on the plane?

환승공항에서 제 수하물을 찾을 수 있나요?

캔 아이 겟 마이 백스 앳 더 레이오버 에어포트?

Can I get my bags at the layover airport?

words

seat	자리, 좌석	layover	경유
destination	목적지, 도착지	passport	여권
aisle	통로	baggage	짐, 수하물
excess	초과	fragile	손상되기 쉬운

들어보자!

목적지가 어디십니까?

웨얼 이즈 유어 데스티네이션?

Where is your destination?

여권 좀 보여주시겠습니까?

메이 아이 씨 유어 패스포트 플리즈?

May I see your passport please?

창가 좌석과 통로 좌석 중 어느 것이 좋으신가요?

우 쥬 라익 어 윈도우 오어 아일 씻?

Would you like a window or aisle seat?

부치실 짐이 있으신가요?

두 유 헤브 애니 러기지 투 체크 인?

Do you have any luggage to check-in?

좀 더 말해보자!

A 항공사 카운터는 어디인가요?

웨얼 이즈 디 A 에어라인 카운터?

Where is the A airline counter?

제 예약 좀 확인해주시겠습니까?

우 쥬 체크 온 마이 레저베이션?

Would you check on my reservation?

비행 일정을 바꾸고 싶습니다.

아이드 라익 투 체인지 마이 플라이트.

I would like to change my flight.

수하물 초과 요금은 얼마입니까?

하우 머치 이즈 디 익세스 배기지 퓌?

How much is the excess baggage fee?

이건 깨지기 쉽습니다. 조심히 다뤄주세요.

잇츠 어 프래질 스터프. 플리즈 핸들 위드 케어.

It's a fragile stuff. Please handle with care.

보안 검색

____ 해주세요.

→ 플리즈 ____.

Please ____.

검색대를 통과해 주세요.

플리즈 워크 쓰루 시큐리티.

Please walk through security.

양팔을 벌려 주세요.

플리즈 스프레드 아웃 유어 암즈.

Please spread out your arms.

벨트와 신발을 벗어 주세요.

플리즈 테이크 오프 유어 벨트 앤 슈즈.

Please take off your belt and shoes.

옆으로 비켜 서 주세요.

플리즈 스텝 어사이드.

Please step aside.

words

empty	비우다, 빈	pocket	주머니
electronics	전자 기기	laptop	노트북
security	보안	inspection	점검, 검사
basket	바구니	prohibited	금지된

들어보자!

주머니도 모두 비워주세요.
플리즈 엠티 유어 포킷츠.
Please empty your pockets.

탑승 전에 이것을 버려주셔야 합니다.
유 슈드 쓰로우 디스 어웨이 비포어 보딩.
You should throw this away before boarding.

전자제품은 다른 바구니에 넣으세요.
풋 유어 일렉트로닉스 인투 디 아더 배스킷.
Put your electronics into the other basket.

보안검색을 위해 모든 소지품을 꺼내주시기 바랍니다.
플리즈 테익 아웃 올 유어 빌롱잉즈 포 시큐리티 인스펙션.
Please take out all your belongings for security inspection.

좀 더 말해보자!

이제 가도 되나요?
캔 아이 고 나우?
Can I go now?

이걸 벗을까요?
슈드 아이 테익 디스 오프?
Should I take this off?

제 음식을 버려야할까요?
슈드 아이 쓰로우 마이 푸드 어웨이?
Should I throw my food away?

그 안에 있는 걸 깜빡했어요.
아이 포갓 잇 워즈 인 데얼.
I forgot it was in there.

이게 금지품목인지 몰랐어요.
아이 디든트 노우 잇 워즈 프로히비티드.
I didn't know it was prohibited.

면세점 이용

____의 면세한도는 어떻게 되나요?

➡ 왓 이즈 더 듀티 프리 리미트 ____?

What is the duty-free limit ____?

담배의 면세한도는 어떻게 되나요?

왓 이즈 더 듀티 프리 리미트 포 씨가렛츠?

What is the duty-free limit for cigarettes?

주류의 면세한도는 어떻게 되나요?

왓 이즈 더 듀티 프리 리미트 포 리큐어?

What is the duty-free limit for liquor?

향수의 면세한도는 어떻게 되나요?

왓 이즈 더 듀티 프리 리미트 포 퍼퓸?

What is the duty-free limit for perfume?

1인당 총 면세한도는 어떻게 되나요?

왓 이즈 더 듀티 프리 리미트 인 토털 퍼 퍼슨?

What is the duty-free limit in total per person?

words

duty-free	면세	limit	한계, 한도
total	총(액)	per person	1인당
boarding pass	탑승권	discount	할인
purchase	구매(한 물품)	exchange	교환

들어보자!

한도는 1인당 1보루입니다.
더 리밋 이즈 원 카튼 퍼 퍼슨.
The limit is 1 carton per person.

2병까지지고 총 1리터 미만이어야 합니다.
업 투 투 보틀스, 레스 댄 원 리터 인 토털.
Up to 2 bottles, less than 1 liter in total.

탑승권과 여권을 확인할 수 있을까요?
메이 아이 씨 유어 보딩 패스 앤 패스포트?
May I see your boarding pass and passport?

달러로 지불될 예정입니다. 그래도 괜찮으신가요?
잇츠 고잉 투 비 페이드 인 달러스. 이즈 댓 오케이 위드 유?
It's going to be paid in dollars. Is that okay with you?

좀 더 말해보자!

한국 원(₩)화도 받으시나요?
두 유 액셉트 코리안 원?
Do you accept Korean won?

제가 구매한 물건들은 어디서 받을 수 있나요?
웨얼 캔 아이 픽 업 마이 펄체이시즈?
Where can I pick up my purchases?

제 세금 용지를 대신 작성해주실 수 있나요?
우 쥬 필 업 마이 택스 폼 플리즈?
Would you fill up my tax-form please?

할인 쿠폰은 어디서 구할 수 있나요?
웨얼 캔 아이 겟 더 디스카운트 큐폰?
Where can I get the diccount coupon?

다른 지점에서 교환 가능한가요?
캔 아이 익스체인지 디스 앳 어나더 스토어?
Can I exchange this at another store?

탑승, 환승

______는 어디에 있나요?

→ 웨얼 이즈 ______?

Where is ______?

7번 게이트는 어디에 있나요?

웨얼 이즈 게이트 세븐?

Where is the gate 7?

환승 수속대는 어디에 있나요?

웨얼 이즈 더 트랜짓 카운터?

Where is the transit counter?

A 항공사 라운지는 어디에 있나요?

웨얼 이즈 디 A 에어라인즈 라운지?

Where is the A airlines lounge?

KN101편의 수하물은 어디에 있나요?

웨얼 이즈 더 첵트 러기지 프롬 플라잇 케이엔 워너원?

Where is the checked luggage from flight KN101?

words

gate	탑승구	transit	환승
airline	항공사	boarding	탑승
flight	항공편	passenger	승객
delayed	지연된	cancelled	취소된

들어보자!

A 항공사 KN101편은 현재 7번 게이트에서 탑승중입니다.
A 에어라인즈 플라잇 케이엔 워너원 이즈 나우 온 보딩 앳 게이트 세븐.
A airlines flight KN101 is now on boarding at gate 7.

스미스 씨를 찾고 있습니다.
위 아 루킹 포 어 패신저, 미스터 스미스.
We are looking for a passenger, Mr.Smith.

6번 게이트 앞으로 와주십시오.
플리즈 컴 투 게이트 식스.
Please come to gate 6.

항공편이 안전 점검으로 15분 지연되었습니다.
더 플라잇 이즈 딜레이드 피프틴 미닛츠 듀 투 세이프티 인스펙션.
The flight is delayed 15 minutes due to safety inspection.

좀 더 말해보자!

탑승은 언제부터 가능한가요?
웬 더즈 더 보딩 스타트?
When does the boarding start?

서울로 가는 연결 항공편을 놓친 것 같아요.
아이 띵크 아이 미쓰드 마이 커넥팅 플라잇 투 서울.
I think I missed my connecting flight to Seoul.

제 최종 목적지는 런던입니다.
마이 파이널 데스티네이션 이즈 런던.
My final destination is London.

항공편을 [이전/이후]편으로 바꿀 수 있나요?
캔 아이 체인지 마이 플라잇 투 [언 얼리어/어 레이러] 원?
Can I change my flight to [an earlier / a later] one?

추가 요금을 지불해야하나요?
두 아이 헤브 투 페이 언 엑스트라 퓌?
Do I have to pay an extra fee?

기내 서비스

______ 좀 주시겠어요?

→ 메이 아이 헤브 ______ ?

May I have ______ ?

간식 좀 주시겠어요?

메이 아이 헤브 썸 스낵스?

May I have some snacks?

물 한 컵 좀 주시겠어요?

메이 아이 헤브 어 컵 오브 워터?

May I have a cup of water?

추가 담요 좀 주시겠어요?

메이 아이 헤브 언 엑스트라 블랭킷?

May I have an extra blanket?

면세 상품 안내 책자 좀 주시겠어요?

메이 아이 헤브 어 듀티 프리 커머디티 브로슈어?

May I have a duty-free commodity brochure?

words

snack	간식	blanket	담요
brochure	안내 책자	drink	음료
prefer	선호하다	seat belt	안전 벨트
kick	발로 차다	restroom	화장실

들어보자!

무엇을 도와드릴까요 고객님?
왓 캔 아이 두 포 유 썰(맴)?
What can I do for you sir(ma'am)?

마실 것은 무엇으로 드릴까요?
왓 우 쥬 라익 투 드링크?
What would you like to drink?

소고기와 치킨이 있습니다. 어느 걸 선호하시나요?
위 헤브 비프 오어 치킨. 위치 원 두 유 프리퍼?
We have beef or chicken. Which one do you prefer?

안전벨트를 채워주십시오.
플리즈 패슨 유어 씻 벨트.
Please fasten your seat belt.

좀 더 말해보자!

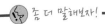

저와 자리를 바꾸실래요?
우 쥬 라익 투 체인지 씻츠 위드 미?
Would you like to change seats with me?

의자를 차지 말아주세요.
플리즈 돈트 킥 더 씻.
Please don't kick the seat.

의자를 조금만 앞으로 당겨주시겠어요?
우 쥬 풀 유어 체어 어 리틀 포워드?
Would you pull your chair a little forward?

잠시만요 좀 지나갈게요.
익스큐즈 미, 커밍 쓰루.
Excuse me, coming through.

화장실 차례를 기다리시는 건가요?
아 유 웨이팅 포 더 레스트룸?
Are you waiting for the restroom?

입국 심사

____ 하러 왔습니다.

→ 아임 히얼 ____.

I am here ____.

관광하러 왔습니다.

아임 히얼 투 트래블.

I am here to travel.

휴가차 왔습니다.

아임 히얼 언 베케이션.

I am here on vacation.

가족을 만나러 왔습니다.

아임 히얼 투 씨 마이 패밀리.

I am here to see my family.

업무차 왔습니다.

아임 히얼 언 비즈니스.

I am here on business.

words

travel	여행	vacation	휴가, 방학
visit	방문	stay	체류, 머무르다
purpose	목적	return	귀환, 돌아가다
problem	문제	staff	직원

들어보자!

어떤 목적으로 오셨습니까?

왓츠 더 펄포즈 오브 유어 비짓?

What's the purpose of your visit?

얼마나 머무르실 예정입니까?

하우 롱 윌 유 스테이?

How long will you stay?

어디서 머무르실 계획이십니까?

웨얼 아 유 고잉 투 스테이?

Where are you going to stay?

귀국 항공권을 가지고 계십니까?

두 유 헤브 어 리턴 티켓?

Do you have a return ticket?

좀 더 말해보자!

일주일간 머물 예정입니다.

아임 고잉 투 스테이 포 어 위크.

I am going to stay for a week.

제 사촌집에서 머무를 겁니다.

아임 스태잉 앳 마이 커즌스 하우스.

I am staying at my cousin's house.

저 비자 있어요. 여깄습니다.

아이 헤브 어 비자. 히얼 유 아.

I have a visa. Here you are.

제 서류에 문제가 있나요?

이즈 데얼 애니 프라블럼 위드 마이 페이펄스?

Is there any problem with my papers?

한국어를 할 수 있는 직원이 있나요?

이즈 데얼 어 스태프 후 캔 스피크 코리안?

Is there a staff who can speak Korean?

세관, 수하물

____를 가져왔습니다.

→ 아이 브륏 ____.

I brought ____.

고추장을 가져왔습니다.

아이 브륏 썸 레드 페퍼 페이스트.

I brought some red pepper paste.

혹시 몰라 여분의 신발을 가져왔습니다.

아이 브륏 엑스트라 슈즈 저스트 인 케이스.

I brought extra shoes just in case.

아들에게 줄 선물들을 가져왔습니다.

아이 브륏 프레젠츠 포 마이 쏜.

I brought presents for my son.

현금으로 2천 달러를 가져왔습니다.

아이 브륏 투 싸우전드 달러스 인 캐쉬 온 미.

I brought $2000 in cash on me.

words

bring (brought)	가져오다(왔다)	declare	신고하다
son	아들	daughter	딸
just in case	만약을 대비하여	inside	내부의
exit	출구	damaged	파손된

들어보자!

이 가방 안엔 무엇이 들어있습니까?
왓츠 인 디스 백?
What's in this bag?

안을 들여다봐도 되겠습니까?
캔 아이 룩 인사이드 디스?
Can I look inside this?

신고하실 물품이 있으십니까?
두 유 헤브 애니띵 투 디클레어?
Do you have anything to declare?

현금은 얼마나 보유하고 계십니까?
하우 머치 커런시 두 유 헤브 온 유?
How much currency do you have on you?

좀 더 말해보자!

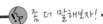

이 물품을 신고해야 할까요?
슈드 아이 디클레어 디스 아이템?
Should I declare this item?

수하물 찾는 곳이 어디에요?
웨얼 이즈 더 배기지 클레임 에이리어?
Where is the baggage claim area?

여기가 KN101 항공편이 나오는 곳인가요?
이즈 디스 디 엑싯 포 플라이트 케이엔 워너원?
Is this the exit for flight KN101?

제 짐이 안 나와요.
마이 배기지 이즌트 커밍 아웃.
My baggage isn't coming out.

제 짐이 파손됐어요.
마이 배기지 이즈 데미지드.
My baggage is damaged.

환전

______ 환전하고 싶습니다.

→ 아이드 라익 투 익스체인지 ______.

I'd like to exchange ______.

한국 원화를 환전하고 싶습니다.

아이드 라익 투 익스체인지 마이 코리안 원.

I'd like to exchange my Korean won.

제 달러화를 유로화로 환전하고 싶습니다.

아이드 라익 투 익스체인지 마이 유에스 달러스 포 유로스.

I'd like to exchange my US dollars for Euros.

200달러는 현금으로, 100달러는 수표로 환전하고 싶습니다.

아이드 라익 투 익스체인지 투 헌드레드 달러스 포 캐쉬 앤 원 헌드레드 달러스 포 체크.

I'd like to exchange $200 for cash and $100 for check.

이 돈을 현지 통용 화폐로 환전하고 싶습니다.

아이드 라익 투 익스체인지 디스 포 로컬 커런시.

I'd like to exchange this for local currency.

words

exchange	환전	cash	현금
check	수표	bills	지폐
local	현지의, 지역의	accept	받아들이다
currency	통화	exchange rate	환율

들어보자!

환전은 얼마나 해드릴까요?
하우 머치 두 유 원 투 익스체인지?
How much do you want to exchange?

지폐는 어떻게 드릴까요?
하우 우 쥬 라익 유어 빌즈?
How would you like your bills?

1달러는 천이백원으로 환전됩니다.
어 달러 익스체인지스 포 원 싸우전드 투 헌드레드 원.
A dollar exchanges for 1,200 won.

죄송합니다만 한국 원화는 취급하지 않습니다.
쏘리, 위 돈트 액셉트 코리안 원.
Sorry, we don't accept Korean won.

좀 더 말해보자!

환전수수료가 얼마입니까?
왓 이즈 디 익스체인지 퓌?
What is the exchange fee?

오늘 미국 환율은 어떻게 됩니까?
왓 이즈 디 유에스 익스체인지 레잇 투데이?
What is the U.S exchange rate today?

더 작은 금액의 지폐가 있습니까?
두 유 헤브 어 스몰러 디노미네이션 빌?
Do you have a smaller denomination bill?

이 지폐를 잔돈으로 바꿔 줄 수 있습니까?
캔 아이 브레이크 디스 빌?
Can I break this bill?

모두 20불짜리 지폐로 주세요.
아이드 라익 잇 올 인 트웬티 달러 빌즈.
I'd like it all in $20 bills.

출국절차

- **터미널 도착**

  항공편 검색을 통해 방문해야 할 터미널을 확인한다. 제1 여객터미널, 제2 여객터미널 모두 3층으로 이동한다.

- **탑승수속 및 수하물 위탁**

  탑승권 발급 및 수하물 위탁을 한다.

- **안내/신고**

  병무허가, 검역 증명서 발급 및 세관신고를 한다.

- **출국 전 준비**

  출국장 진입 전 환전, 출금, 로밍, 보험 등 필요한 용무를 처리한다. 용무가 끝나면 가까운 출국장 안으로 들어가면 된다.

- **보안검색**

  항공기에 탑승하기 전 모든 승객들은 보안검색을 받아야 한다.

- **출국심사**

  보안검색 및 출국심사를 마치고 면세지역으로 진입하면 일반지역으로 되돌아 갈 수 없다.

- **탑승구 이동**

  탑승권의 게이트 번호와 위치를 확인 후 이동한다.

셀프 체크인 이용방법

셀프 체크인 기기를 이용하여 체크인 할 수 있다.

- 이용 가능 항공사

제1여객터미널

아시아나항공, 캐세이퍼시픽, 유나이티드항공, 중국국제항공, 중국남방항공, 아메리칸항공, 터키항공, 이스타항공, 제주항공, 티웨이항공, 에어서울, 에어캐나다, 진에어

제2여객터미널

대한항공, 에어프랑스, KLM네덜란드항공, 델타항공, 아에로멕시코

※ 비자가 필요한 국가, 공동운항, 유아동반 등은 이용이 제한 될 수 있다.

- 이용 가능 시간

24시간 (항공기 출발 1시간 전까지)

- 셀프 체크인 이용 절차

  - 예약정보 확인
  - 여권확인
  - 여정 확인 (좌석 선택)
  - 탑승권 출력
  - 수속 완료 (수하물 맡기기)

면세점 이용

면세점은 관세를 면제하여 다른 곳보다 저렴하며 다양한 이벤트와 세일로 저렴하게 쇼핑을 즐길 수 있다. 하지만 구입한 물건은 반드시 출국하면서 받아야 하며 교환이나 환불이 매우 어렵다는 단점도 있다.
면세점에서의 구매는 $3,000까지이지만 면세 한도액이 $600이므로 그 이상은 세관에 신고하여야 한다.
면세점은 시내와 공항에 위치해 있고 최근에는 쿠폰과 포인트를 사용하여 저렴하게 이용할 수 있는 인터넷 면세점의 이용 빈도가 매우 높다.

롯데 인터넷 면세점	kor.lottedfs.com
신라 인터넷 면세점	www.shilladfs.com
신세계 인터넷 면세점	www.ssgdfm.com
동화 인터넷 면세점	www.dwdfs.com
신라 아이파크 인터넷 면세점	www.shillaipark.com
두타 인터넷 면세점	dootadutyfree.com
현대 인터넷 면세점	www.hddfs.com
갤러리아 인터넷 면세점	www.galleria-dfs.com

입국신고서 작성

- 영어는 대문자로 알아보기 쉽게 작성한다.
- 모든 정보는 여권에 나와있는 그대로 기입한다.
- 잘못 기입했을 경우 새 신고서로 작성한다.
- 일부 국가에는 한국어 신고서가 있으니 미리 알아본다.

LANDING CARD			
Family name 성	PARK		
First(Given) name(s) 이름	WOOJIN		
Sex 성별	MALE / FEMALE 남 / 여	Date of birth [DD/MM/YY] 생년월일(일/월/년)	021169
Town and country of birth 출생국가 및 도시	SEOUL, SOUTH KOREA		
Nationality 국적	SOUTH KOREA	Occupation 직업	HOUSEWIFE 주부 /STUDENT 학생 /OFFICE WORKER 회사원
Contract address in ~ 여행 국가 내 체류 주소	TIME HOTEL NEWYORK 정확한 주소를 모를 경우 호텔명만 적어도 된다.		
Passport number 여권 번호	M12345678	Passport of Issue 여권 발행 국가	SOUTH KOREA
Passport Issue Date [DD/MM/YY] 여권 발급일(일/월/년)	121218	Passport Expiration Date [DD/MM/YY] 여권 만료일(일/월/년)	121228
Length of stay in ~ 여행 국가 내 체류기간	5DAYS		
Port of last departure 최종 출발지	INCHEON		
Arrival flight number 항공기 편명	KE072		
Signature 서명	박우진		

세관신고서 작성 (미국)

- 가족 여행에는 한 장만 작성한다.
- 일반 여행자는 10-14번 항목의 체크박스에 No로 전부 체크 한다.
- 일부 국가에는 한국어 신고서가 있으니 미리 알아본다.

DEPARTMENT OF THE TREASURY
UNITED STATES CUSTOMS SERVICE

Customs Declaration

Each arriving t raveler or reponsible family member must p rovide the f ollowing information (only ONE written declaration per family is required):

1. Family Name 성 PARK
   First (Given) 이름 WOOJIN Middle
2. Birth date Day 0 2 Month 1 1 Year 6 9 생년월일(일/월/년)
3. Number of Family members traveling with you 동반가족 수 0
4. (a) U.S. Street Address (hotel name/destination)
   호텔명 TIME HOTEL NEWYORK
   (b) City 도시 NEWYORK (c) State 주 NEWYORK
5. Passport issued by (country) 여권 발행 국가 SOUTH KOREA
6. Passport number 여권 번호 M12345678
7. Country of Residence 국적 SOUTH KOREA
8. Countries visited on this trip prior to U.S. arrival 미국에 도착하기 전 경유한 국가 (없을 경우 공란) JAPAN
9. Airline/Flight No. or Vessel Name 항공기 편명 KE072
10. The primary purpose of thistrip is business: Yes ☐ No ✓
11. I am (We are) bringing
    (a) fruits, plants, food, insects: Yes ☐ No ✓
    (b) meats, animals, animal/wildlife products: Yes ☐ No ✓
    (c) disease agents, cell cultures, snails: Yes ☐ No ✓
    (d) soil or have been on a farm/ranch/pasture: Yes ☐ No ✓
12. I have (We have) been in close proximity of (such as touching or handling) livestock: Yes ☐ No ✓
13. I am (We are) carrying currency or monetary instruments over $10,000 U.S. or foreign equivalent: Yes ☐ No ✓
    (see definition of monetary instruments on reverse)
14. I have (We have) commercial merchandise: Yes ☐ No ✓
    (articles for sale, samples used for soliciting orders, or goods that are not considered personal effects)
15. Residents - the total value of all goods, including commercial merchandise I/we have purchased or acquired abroad, (including gifts for someone else, but not items mailed to the U.S.) and am/are bringing to the U.S. is:
    Visiotrs - the total value of all articles that will remain in the U.S., including commercial merchandise is: $

Read the instructions on the back of this form. Space is provided to list all the items you must declare. $

I HAVE READ THE IMPORTANT INFORMATION ON THE REVERSE SIDE OF THIS FORM AND HAVE MADE A TRUTHFUL DECLARATION.

X 박우진 191218 날짜(일/월/년)

(signature) 서명 date(day/month/year)

10. 이번 여행의 주요 목적은 비즈니스이다.
11. 나(우리)는 다음 물품을 가지고 입국한다.
    (a)과일, 채소, 식물, 종자, 식품, 관충:
    (b)육류, 동물, 동물/야생동물 제품:
    (c)병원체, 세포배양물, 달팽이:
    (d)흙을 소지하거나 농장/목장/목축장을 방문한 적이 있다.
12. 나(우리)는 가축과 가까이 한 적 (만지거나 다룬 적)이 있다.
13. 나(우리)는 미화 10,000달러 이상, 또는 외화로 그와 동등한 가치의 통화나 화폐를 휴대하고 있다.
14. 나(우리)는 다음의 시판용 상품을 휴대하고 있다.
    (판매용 물품, 주문 권유용 견본품, 또는 개인 소지품으로 간주할 수 없는 물품)
15. 거주자-내/우리가 해외에서 구입 또는 취득하고 (타인을 위한 선물은 포함되나 우편으로 미국에 보낸 것은 포함되지 않음) 지금 미국으로 가지고 들어오는 들어오는 시판용 상품을 포함한 모든 물품의 총 가치
    방문객-시판용 상품을 포함하여 미국에 남겨 두개될 모든 물품의 총 가치

교통

길 묻기

표 구매하기

지하철, 기차 이용하기

버스 이용하기

택시 이용하기

렌터카 이용하기

주차, 주유하기

셀프 주유하기

교통 표지판

길 묻기

______에 어떻게 가요?

→ 하우 캔 아이 겟 투 ______?

How can I get to ______?

⛵ 힐튼 호텔에 어떻게 가요?

하우 캔 아이 겟 투 더 힐튼 호텔?

How can I get to the Hilton hotel?

⛵ 이 레스토랑에 어떻게 가요?

하우 캔 아이 겟 투 더 레스터란?

How can I get to the restaurant?

⛵ 시청역에 어떻게 가요?

하우 캔 아이 겟 투 더 시티홀 스테이션?

How can I get to the City Hall station?

⛵ 가장 가까운 버스 정류장에 어떻게 가요?

하우 캔 아이 겟 투 더 니어리스트 버스 스탑?

How can I get to the nearest bus stop?

words

station	역, 정거장	bus stop	버스 정류장
cab	택시	straight	곧바로, 직진
left	왼쪽	right	오른쪽
stranger	처음 온 사람	repeat	한 번 더 말하다

들어보자!

곧장 두 블록 내려가서 왼쪽으로 도세요.
고 스트릿 다운 투 블럭 엔 턴 레프트.
Go straight down two blocks and turn left.

지하철 타셔야 합니다.
유 슈드 테익 더 서브웨이.
You should take the subway.

택시를 타시는 게 나을 거 같습니다.
잇 우드 비 베러 테이킹 어 캡.
It would be better taking a cab.

죄송합니다, 저도 이 곳이 처음입니다.
쏘리, 아임 어 스트렌져 히얼 투.
Sorry, I'm a stranger here too.

좀 더 말해보자!

얼마나 걸릴 지 아시나요?
두 유 노 하우 롱 잇 윌 테익?
Do you know how long it will take?

표는 어디서 구할 수 있나요?
웨얼 캔 아이 겟 더 티켓?
Where can I get the ticket?

미안해요, 설명을 못 알아 들었어요.
쏘리, 아임 로스트.
Sorry, I'm lost.

다시 한 번 말해줄래요?
우 쥬 리핏 댓?
Would you repeat that?

좀 더 쉬운 방법을 알려줄래요?
캔 유 텔 미 언 이지어 웨이?
Can you tell me an easier way?

표 구매하기

______ 표 주세요.

➡ 플리즈 깁 미 어 티켓 ______.

Please give me a ticket ______.

⛵ 어른 두 명과 어린이 한 명의 표 주세요.

플리즈 깁 미 티켓츠 포 투 어덜츠 엔 어 차일드.

Please give me tickets for 2 adults and a child.

⛵ 그랜드 센트럴 역으로 가는 표 주세요.

플리즈 깁 미 어 티켓 투 더 그랜드 센트럴 스테이션.

Please give me a ticket to the Grand Central station.

⛵ 일일 승차권 표 주세요.

플리즈 깁 미 어 티켓 포 원-데이.

Please give me a ticket for one-day.

⛵ 11시에 출발하는 표 주세요.

플리즈 깁 미 어 티켓 투 디파트 엣 일레븐.

Please give me a ticket to depart at 11.

words

adult	성인	child(ren)	아이(들)
one-way	편도	round-trip	왕복
depart	출발하다	route map	노선도
senior	연장자	wrong	틀린, 잘못된

들어보자!

편도세요? 왕복이세요?

저스트 원-웨이 오어 라운드-트립?

Just one-way or round-trip?

그럼 12달러 50센트입니다.

뎃 윌 비 투웰브 달러스 엔 피프티 센츠.

That will be 12 dollars and 50 cents.

최종 목적지가 어디세요?

웨얼 이즈 유어 파이널 데스티네이션?

Where is your final destination?

일일권을 사시는 게 더 쌀 거에요.

잇 우드 비 취펄 이프 유 바이 어 원-데이 티켓.

It would be cheaper if you buy a one-day ticket.

좀 더 말해보자!

가장 가까운 시간의 표는 무엇인가요?

위치 티켓 이즈 더 니어리스트 원 ?

Which ticket is the nearest one?

노선도를 받을 수 있을까요?

메이 아이 헤브 어 루트 맵?

May I have a route map?

경로 우대는 없나요?

이즈 데얼 애니 디스카운트 포 시니어스?

Is there any discount for seniors?

표를 잘못 산 것 같아요.

아이 띵크 아이 갓 더 뤙 티켓.

I think I got the wrong ticket.

그럼 그걸로 바꿀게요.

덴 아이 윌 체인지 잇 투 뎃.

Then I will change it to that.

지하철, 기차 이용하기

____ 하려면 어디로 가야하나요?

→ 웨얼 슈드 아이 고 투 ____ ?

Where should I go to ____ ?

⛵ 티켓을 사려면 어디로 가야하나요?

웨얼 슈드 아이 고 투 바이 어 티켓?

Where should I go to buy a ticket?

⛵ 시간표를 보려면 어디로 가야하나요?

웨얼 슈드 아이 고 투 씨 더 타임 테이블?

Where should I go to see the time table?

⛵ 빨간색 지하철 노선을 타려면 어디로 가야하나요?

웨얼 슈드 아이 고 투 테익 더 레드 서브웨이 라인?

Where should I go to take the red subway line?

⛵ 초록 노선으로 갈아타려면 어디로 가야하나요?

웨얼 슈드 아이 고 투 트렌스퍼 투 더 그린 라인?

Where should I go to transfer to the green line?

words

time table	시간표	subway	지하철, 전철
transfer	갈아타다	ticket office	매표소
through	~를 통하여	downstairs	아래층
right	옳은	direction	방향

들어보자!

매표소는 이 층 오른쪽 코너에 있습니다.

더 티켓 오피스 이즈 온더 롸잇 코너 온 디스 플로어.

The ticket office is on the right corner on this floor.

이 문을 통과해 아래층으로 내려가세요.

스루 디스 게이트, 고 다운스테얼스.

Through this gate, go downstairs.

이번 정류장은 96번가입니다.

디스 스탑 이즈 나이티식스드 스트릿.

This stop is 96th St.

내리실 문은 왼쪽입니다.

더 도어 이즈 온 유어 레프트.

The door is on your left.

좀 더 말해보자!

이 열차 블리커가(街) 역으로 갑니까?

더즈 잇 고우 투 더 블리커 스트릿 스테이션?

Does it go to the Bleeker Street station?

제가 탄 방향이 맞나요?

엠 아이 고잉 인 더 롸잇 디렉션?

Am I going in the right direction?

이 발권기 사용 좀 도와주시겠어요?

우 쥬 헤업 미 유즈 디스 티켓 머신?

Would you help me use this ticket machine?

센트럴 파크로 가려면 몇 번 출구로 나가야 하나요?

위치 엑싯 슈드 아이 테익 투 겟 투 센트럴 파크?

Which exit should I take to get to Central Park?

지하철에 짐을 두고 내렸어요.

아이 레프트 마이 베기지 온 더 서브웨이.

I left my baggage on the subway.

버스 이용하기

____ 버스 인가요?

→ 이즈 디스 버스 ____?

Is this bus ____?

시내로 가는 버스 인가요?

이즈 디스 버스 포 다운타운?

Is this bus for downtown?

공항으로 가는 버스 인가요?

이즈 디스 버스 포 디 에어포트?

Is this bus for the airport?

편도인가요 왕복인 버스 인가요?

이즈 디스 버스 포 원-웨이 오어 셔틀?

Is this bus for one-way or shuttle?

경기장으로 가는 가장 빠른 버스 인가요?

이즈 디스 버스 더 페스티스트 웨이 투 겟 투 더 스타디움?

Is this bus the fastest way to get to the stadium?

words

downtown	시내, 도심	airport	공항
miss	놓치다, 지나가다	the other side	건너편
change	거스름돈, 잔돈	museum	박물관
get off	내리다	sit	앉다

들어보자!

세 정거장 더 가셔야 합니다.
유 헤브 쓰리 모어 스탑스 투 고.
You have 3 more stops to go.

내릴 정류장을 방금 지나쳤네요.
유 저스트 미쓰드 유어 스탑.
You just missed your stop.

반대쪽에 가서 타셔야 합니다.
유 슈드 테익 어 버스 온 디 아더 사이드.
You should take a bus on the other side.

잔돈이 없습니다.
아이 돈 헤브 에니 체인지.
I don't have any change.

좀 더 말해보자!

다음 버스는 언제 오나요?
웬 더즈 더 넥스트 버스 컴?
When does the next bus come?

다음 정거장은 어디인가요?
왓 이즈 더 넥스트 스테이션?
What is the next station?

국립박물관까지 몇 정거장 남았나요?
하우 메니 스탑스 알 레프트 투 더 네셔널 뮤지엄?
How many stops are left to the National Museum?

언제 내려야하는지 알려주실 수 있나요?
쿠 쥬 렛 미 노 웬 아이 슈드 겟 오프?
Could you let me know when I should get off?

여기 앉아도 될까요?
켄 아이 씻 히얼?
Can I sit here?

택시 이용하기

______에 세워 주시겠어요?

➡ 쿠 쥬 풀 오버 ______?

Could you pull over ______?

여기에 세워 주시겠어요?

쿠 쥬 풀 오버 히얼?

Could you pull over here?

저 모퉁이에 세워 주시겠어요?

쿠 쥬 풀 오버 엣 뎃 코너?

Could you pull over at that corner?

다음 신호등에 세워 주시겠어요?

쿠 쥬 풀 오버 엣 더 넥스트 트레픽 라이트?

Could you pull over at the next traffic light?

엠파이어 스테이트 건물 앞에 세워 주시겠어요?

쿠 쥬 풀 오버 인 프론트 오브 디 엠파이어 스테이트 빌딩?

Could you pull over in front of The Empire State Building?

words

pull over	차를 세우다	fraffic light	신호등
drop off	내리다	by the meter	미터기에 따라
address	주소	keep	유지하다, 지니다
cost	비용(이 들다)	roughly	대략

들어보자!

다음 코너에서 내려드리겠습니다.

아이 윌 드랍 유 오프 엣 더 넥스트 코너.

I will drop you off at the next corner.

어디로 가시겠습니까?

웨얼 우 쥬 라익 투 고?

Where would you like to go?

미터기로 24달러 60센트입니다.

잇 이즈 투웨니포 달러 앤드 식스티 센츠 바이 더 미터.

It is 24 dollars and 60 cents by the meter.

현금만 받습니다.

아이 테익 케쉬 온리.

I take cash only.

좀 더 말해보자!

이 주소로 가주세요.

플리즈 테익 미 투 디스 어드레스.

Please take me to this address.

신용카드 받습니까?

두 유 테익 크레딧 카즈?

Do you take credit cards?

더 빨리 가주실 수 있나요?

쿠 쥬 고 페스터?

Could you go faster?

잔돈은 됐습니다.

킵 더 체인지.

Keep the change.

대략 얼마 정도 들까요?

하우 머취 윌 잇 코스트 러프리?

How much will it cost, roughly?

렌터카 이용하기

______ 를 빌리고 싶습니다.

→ 아이드 라익 투 렌트 ______.

I'd like to rent ______.

소형차를 빌리고 싶습니다.

아이드 라익 투 렌트 어 컴팩트 카.

I'd like to rent a compact car.

SUV를 빌리고 싶습니다.

아이드 라익 투 렌트 언 에스유뷔.

I'd like to rent an SUV.

빨간 오픈카를 빌리고 싶습니다.

아이드 라익 투 렌트 어 레드 컨버터블.

I'd like to rent a red convertible.

어른 둘 아이 둘이 탈 만한 차를 빌리고 싶습니다.

아이드 라익 투 렌트 어 비히클 포 투 어덜츠 엔 투 췰드런.

I'd like to rent a vehicle for 2 adults and 2 children.

words

rent	빌리다	vehicle	탈 것
license	허가, 면허	insurance	보험
out of stock	품절, 매진	add	더하다
break down	고장	emergency	비상

들어보자!

신분증과 운전면허증을 볼 수 있을까요?

메이 아이 씨 유어 아이디 카드 앤 드라이버스 라이센스?

May I see your ID card and driver's license?

어떤 종류의 보험이 필요하세요?

왓 카인드 오브 인슈어런스 두유 니드?

What kind of insurance do you need?

죄송해요, 요청하신 차량은 현재 남아있지 않습니다.

쏘리, 더 카 유 에스크드 포 이즈 아웃 오브 스탁 포 나우.

Sorry, the car you asked for is out of stock for now.

100달러가 보증금으로 추가됩니다.

어 헌드레드 달러스 윌 비 에디드 에즈 어 디파짓.

A hundred dollars will be added as a deposit.

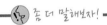

좀 더 말해보자!

더 저렴한 것은 없나요?

두 유 헤브 에니 치퍼 원스?

Do you have any cheaper ones?

GPS도 추가할 수 있습니까?

캔 아이 에드 쥐피에스 투?

Can I add GPS too?

기름을 가득 채워 반납해야합니까?

슈드 아이 리턴 잇 위드 어 풀 탱크?

Should I return it with a full tank?

차를 다른 곳으로 반납할 수 있나요?

캔 아이 리턴 더 카 투 어나더 플레이스?

Can I return the car to another place?

차가 고장나거나 응급상황 발생 시 어디로 연락해야 하나요?

후 슈드 아이 컨텍 인 케이스 오브 브레이킹 다운 오어 이멀젼시?

Who should I contact in case of breaking down or emergency?

주차, 주유하기

______ 좀 알려 주시겠어요?

➡ 캔 유 텔 미 ______ ?

Can you tell me ______?

⛵ 이 펌프를 어떻게 사용하는지 좀 알려주시겠어요?

캔 유 텔 미 하우 투 유즈 디스 펌프?

Can you tell me how to use this pump?

⛵ 이 기름들간의 차이가 무엇인지 좀 알려주시겠어요?

캔 유 텔 미 왓 이즈 더 디퍼런스 비트윈 디즈 게시스?

Can you tell me what is the difference between these gases?

⛵ 여기 얼마나 오래 주차할 수 있는지 좀 알려주시겠어요?

캔 유 텔 미 하우 롱 캔 아이 팍 히얼?

Can you tell me how long can I park here?

⛵ 이 기계를 어떻게 이용하는지 좀 알려주시겠어요?

캔 유 텔 미 하우 아이 유즈 디스 머신?

Can you tell me how I use this machine?

words

gas station	주유소	gasoline	휘발유
parking	주차	free	무료
resident	거주자, 투숙객	tow away	강제 견인
validation	확인증	fee	수수료, 요금

들어보자!

나가실 때 계산하시면 됩니다.

유 캔 페이 잇 온 유어 웨이 아웃.

You can pay it on your way out.

직접 해주셔야 합니다.

유 헤브 투 두 잇 바이 유어셀프.

You have to do it by yourself.

걱정마세요, 무료 주차 구간이에요.

돈 워리, 잇 이즈 어 프리 파킹 존.

Don't worry, it is a free parking zone.

이 칸은 거주자 전용입니다. 당신의 차는 견인될 수 있어요.

디스 랏 이즈 포 레지던츠 온리, 유어 비클 캔 비 토우드 어웨이.

This lot is for residents only, your vehicle can be towed away.

좀 더 말해보자!

가장 가까운 주유소는 어디에 있나요?

웨얼 이즈 더 니어리스트 게스 스테이션?

Where is the nearest gas station?

쓸 수 있는 화장실 있나요?

이즈 데얼 에니 레스트룸 아이 캔 유즈?

Is there any restroom I can use?

여기 주차하려면 시간당 얼마를 내야하나요?

하우 머치 이즈 잇 투 팍 히어 포 언 아워?

How much is it to park here for an hour?

주차비를 내려면 어디로 가야하나요?

웨얼 슈드 아이 고 투 페이 마이 파킹 퓌?

Where should I go to pay my parking fee?

주차증이나 도장 같은 게 있습니까?

두 유 헤브 에니 벨리데이션 오어 스템프 포 파킹?

Do you have any validation or stamp for parking?

셀프 주유하기

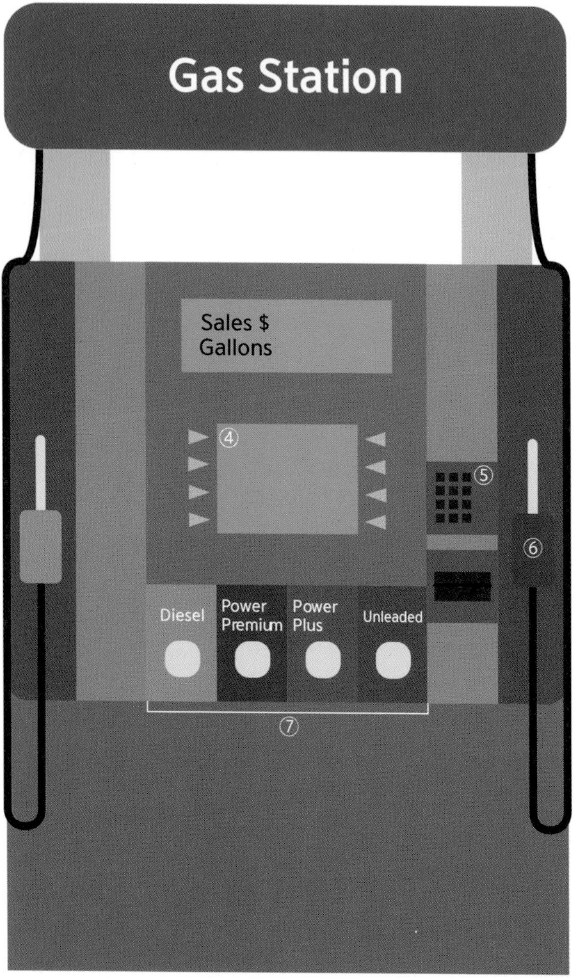
Gas Station
Sales $
Gallons
④
⑤
⑥
Diesel
Power Premium
Power Plus
Unleaded
⑦

셀프 주유 하는 방법

① 가까운 주유소 (Gas station)으로 들어간다.

② 주유기 앞에 차를 세운 후 시동을 끄고 내린다.

③ 지불 방법 (현금/신용카드)을 정한다. 이 때, 현금으로 지불할 경우 주유기 번호를 확인하고 주유소 안으로 들어가 직원에게 주유기 번호와 금액을 말하여 결재한다.

④ 신용카드의 경우 화면에 나오는 지시사항을 참고한다. (PAY CREFIT CARD 신용카드 지불, PAY DEBIT CARD 체크카드 지불, PAY CASH 현금 지불)

⑤ 비밀번호 입력의 경우 옆에 숫자키를 이용한다.(PIN NUMBER 비밀번호)

⑥ 주유기화면을 참고하여 노즐을 들고 (REMOVE NOZZLE) 연료를 선택한다. (SELECT GRADE) 이때, 휘발유의 등급을 선택할 수 있다.(Diesel 경유, Power Premium 고급, Power Plus 일반, Unleaded무연) 휘발유의 경우 비싼 금액이 높은 등급일 경우가 대부분이다.

⑦ 신용카드의 경우 기름의 양이나 금액을 정한다. 이 때, 미국의 경우 단위 Gallon을 사용한다. (1Gallon=3.8L정도이다.)

⑧ 주유구를 열고 노즐을 넣어 주유하고 (PLEASE BEGIN FUELING) 덜커덕 소리가 나면 주유를 멈춘다.

⑨ 노즐을 제자리로 돌려놓고 주유구를 닫는다.

⑩ 영수증이 필요하면 받는다. (RECEIPT)

교통 표지판

속도 제한 표지판

시속 n마일. 미국은 미터가 아닌 마일을 사용한다.

※ 1mi = 약1.6km
MPH = Miles Per Hour

야간 속도 제한

주/야간 제한이 다른 도로들이 존재한다.

일방통행

일반적인 우리나라의 일방통행과 같다.

잘못된 진입이란 경고문

잘못된 진입이란 경고문으로 진입 불가한 길이다.

멈춤 표지

미국과 같은 경우 STOP 사인 앞에서 2-3초간 정차하지 않는 경우 벌금을 무는 경우도 있다.

양보 표지

정차와 마찬가지로 양보에도 엄격한 편이다.

진입금지

일반적인 우리나라의 진입금지와 같다.

좌회전 금지

오전 7-9시, 오후 4-7시에는 좌회전이 금지되는 등 경우에 따라 조건부 표지판들이 존재한다.

전방에 도로가 막혀 있음

공사 등으로 인한 주의 표지는 주황색 다이아몬드로 표시되어 있다.

주의 표지는 노란색

미국의 경우 주의해야 할 야생동물의 모양을 자세히 그려놓는 경우가 많다. 위의 표지는 오리 출몰이 잦으니 천천히 운행하라는 표지이다.

정보전달을 위한 초록색 표지판

119번 출구가 전방에 위치한다는 뜻이다.

갈 수 있는 지역 표기

상기 도로를 통해 갈 수 있는 지역이 표기되어 있다. 우측 출구를 통하면 42번, 99번 도로로 갈 수 있다는 뜻이다.

숙박

방 구하기

체크인 하기

객실 기기

객실 서비스

부대시설 이용

주변 시설 묻기

숙박 종류

부대시설

숙박 예약 앱

방 구하기

______한 방을 예약하고 싶습니다.

→ 아이드 라익 투 북 어 룸 ______.

I'd like to book a room ______.

3일 쓸 방을 예약하고 싶습니다.

아이드 라익 투 북 어 룸 포 쓰리 데이즈.

I'd like to book a room for 3 days.

2명의 어른과 2명의 아이가 쓸 방을 예약하고 싶습니다.

아이드 라익 투 북 어 룸 포 투 어덜츠 앤 투 키즈.

I'd like to book a room for 2 adults and 2 kids.

하룻밤에 500달러 이하인 방을 예약하고 싶습니다.

아이드 라익 투 북 어 룸 언더 파이브 헌드레드 달러스 펄 어 나잇.

I'd like to book a room under 500$ per a night.

바다가 보이는 방을 예약하고 싶습니다.

아이드 라익 투 북 어 룸 위드 언 오션 뷰.

I'd like to book a room with an ocean view

words

book	예약하다	ocean	바다
view	경관, 전망	date	날짜, 시기
kind	종류, 유형	difference	차이
provide	제공하다	room rate	객실 요금

들어보자!

며칠이나 묵으실 예정이십니까?

포 하우 매니 데이즈 윌 유 스테이?

For how many days will you stay?

방문일정이 며칠부터이십니까?

왓 데이트 윌 유어 비지팅 스타트?

What date will your visiting start?

어느 종류의 방을 원하시나요?

왓 카인드 오브 룸 두 유 원트?

What kind of room do you want?

누구 이름으로 예약해드릴까요?

왓 네임 두 유 원 투 메익 유어 레저베이션 언더?

What name do you want to make your reservation under?

좀 더 말해보자!

[체크인/체크아웃] 시간이 어떻게 되나요?

왓 타임 이즈 더 [체크-인/체크-아웃]?

What time is the [check-in / check-out]?

A방과 B방의 차이는 무엇인가요?

왓 이즈 더 디퍼런스 비트윈 룸A 앤 룸B?

What is the difference between room A and room B?

호텔에서 공항 픽업 서비스를 제공하나요?

더즈 더 호텔 프로바이드 에어포트 트랜스포테이션?

Does the hotel provide airport transportation?

객실 요금에 조식도 포함되어 있나요?

이즈 브렉퍼스트 인클루디드 인 더 룸 레이트?

Is breakfast included in the room rate?

건물에 애완동물을 데려가도 되나요?

더즈 유어 빌딩 일라우 펫츠?

Does your building allow pets?

체크인 하기

____ 해주시겠습니까?

→ 우 쥬 ____?

Would you ____?

제 예약을 확인 해주시겠습니까?

우 쥬 체크 마이 레져베이션?

Would you check my reservation?

가능한 한 높은 방을 주시겠습니까?

우 쥬 기브 미 어 룸 애즈 하이 업 애즈 유 캔?

Would you give me a room as high up as you can?

제게 영수증 출력본을 주시겠습니까?

우 쥬 기브 미 어 하드 카피 뤼씹트?

Would you give me a hard copy receipt?

방까지 짐을 옮겨 놓아 주시겠습니까?

우 쥬 브링 마이 러기지 업 투 마이 룸?

Would you bring my luggage up to my room?

words

hard copy	출력본	deposit	보증금
additional	추가의, 부가적인	charge	요금
sharing	공유, 나눔	parents	부모
inclusive	경비가 포함된	store	보관하다

들어보자!

어느 분 앞으로 예약하셨나요?

후즈 네임 이즈 더 레저베이션 언더?

Whose name is the reservation under?

어느 경로로 예약하셨나요?

쓰루 위치 웨이 디 쥬 메익 유어 부킹?

Through which way did you make your booking?

예약 확인증과 신분증 좀 보여주시겠어요?

메이 아이 씨 유어 부킹 바우쳐 앤 디 아이디 카드?

May I see your booking voucher and the ID card?

보증금은 체크아웃시 반환됩니다.

유 윌 겟 더 디파짓 백 웬 유 체크아웃.

You will get the deposit back when you check-out.

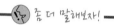

좀 더 말해보자!

[침대/유아용침대]를 추가해 놓을 수 있나요?

캔 아이 애드 언 엑스트라 [베드/베이비 캇] 인 마이 룸?

Can I add an extra [bed/baby cot] in my room?

아이들이 부모와 함께 방을 쓰려면 추가비용을 지불해야하나요?

이즈 데얼 언 애디셔널 차지 포 칠드런 웬 쉐어링 어 룸 위드 데얼 페어런츠?

Is there an additional charge for children when sharing a room with their parents?

객실 요금에 세금과 봉사료가 포함되어 있나요?

알 더 룸 레이츠 인클루시브 오브 택스 앤 서비스 차지스?

Are the room rates inclusive of tax and service charges?

[체크인 전에/체크아웃 후에] 제 짐을 맡아주실 수 있나요?

캔 유 스토어 마이 러기지 [비포어 체크 인/에프터 체크 아웃]?

Can you store my luggage [before check-in / after check-out]?

레이트 체크아웃(늦은 퇴실 서비스)은 얼마인가요? 몇 시까지죠?

하우 머치 이즈 더 레이트 체크 아웃? 앤 웬?

How much is the late check-out? And when?

객실 기기

____는 어떻게 합니까?

➡ 하우 캔 아이 ____?

How can I ____?

🛏 와이파이 네트워크에 접속은 어떻게 합니까?

하우 캔 아이 액세스 더 와이파이 네트워크?

How can I access the Wi-Fi network?

🛏 객실로 아침식사 주문은 어떻게 합니까?

하우 캔 아이 오더 브렉퍼스트 투 마이 룸?

How can I order breakfast to my room?

🛏 객실 온도 조절은 어떻게 합니까?

하우 캔 아이 레귤레이트 더 룸 템퍼러쳐?

How can I regulate the room temperature?

🛏 여분의 객실 편의품을 제공받는 것은 어떻게 합니까?

하우 캔 아이 겟 엑스트라 어메니티 굿즈?

How can I get extra amenity goods?

words

access	접속하다	order	주문(하다)
temperature	온도, 기온	amenity	생활 편의 용품
password	비밀번호	remote	원격 조절
next to	~옆에	soon	곧, 이내

들어보자!

아이디와 비밀번호는 카드키에 적혀있습니다.
유어 아이디 앤 패스워드 알 온 유어 카드 키.
Your ID and password are on your card key.

전등 스위치 바로 옆에 리모컨이 있습니다.
더 리모트 이즈 롸잇 넥스투 더 라잇 스위치.
The remote is right next to the light switch.

프론트 데스크에서 가져가실 수 있습니다.
유 캔 겟 잇 프롬 더 프론트 데스크.
You can get it from the front desk.

우리 직원이 곧 올라갈 겁니다.
아월 스태프 윌 비 업 데얼 쑨.
Our staff will be up there soon.

좀 더 말해보자!

여분의 객실 키를 받을 수 있을까요?
메이 아이 헤브 언 엑스트라 룸 키?
May I have an extra room key?

TV가 작동하지 않아요.
마이 티뷔 이즈 낫 월킹.
My TV is not working.

따뜻한 물이 나오지 않아요.
데얼 이즈 노 핫 워터.
There is no hot water.

키를 안에 두고 나왔어요.
아이 락트 마이셀프 아웃.
I locked myself out.

변기가 고장났어요.
더 토일렛 이즈 아웃 오브 오더.
The toilet is out of order.

객실 서비스

______ 해 주실 수 있나요?

→ 쿠 쥬 ______?

Could you ______?

수건을 좀 더 주실 수 있나요?

쿠 쥬 기브 미 모어 타올스?

Could you give me more towels?

220V 어댑터 좀 빌려 주실 수 있나요?

쿠 쥬 렌드 미 어 투헌드레드투웬티 볼트 어댑터?

Could you lend me a 220V adaptor?

내일 7시에 모닝콜 해 주실 수 있나요?

쿠 쥬 메이크 어 웨이크업 콜 투모로우 앳 세븐?

Could you make a wake-up call tomorrow at seven?

오늘 제 방 청소는 걸러 주실 수 있나요?

쿠 쥬 스킵 마이 룸 포 투데이스 클리닝?

Could you skip my room for today's cleaning?

words

lend	빌려주다	skip	건너뛰다
do not disturb	방해 금지, 입실 사절	right away	즉시, 바로
cause	야기하다, 초래하다	in advance	미리, 선금으로
show	보여주다	how to use	사용법

들어보자!

객실이 몇 호세요?

왓츠 유어 룸 넘버 썰

What's your room number, sir?

바로 가져다 드리겠습니다.

아 윌 브링 뎀 투 유 롸잇 어웨이.

I will bring them to you right away.

추가요금이 발생합니다. 그래도 괜찮으시겠어요?

데얼즈 언 애디셔널 차지. 이즈 댓 오케이 위드 유?

There's an additional charge. Is that okay with you?

선불로 계산하셔야 합니다.

유 니드 투 페이 포 잇 인 어드밴스.

You need to pay for it in advance.

좀 더 말해보자!

침대 시트 좀 갈아주실래요?

캔 유 체인지 마이 쉿츠 플리즈?

Can you change my sheets please?

비용은 612호 앞으로 달아주세요.

플리즈 차지 잇 투 룸 식스원투.

Please charge it to room 612.

옆방이 너무 시끄러워요.

더 룸 넥스 투 마인 이즈 투 라우드.

The room next to mine is too loud.

금고를 어떻게 쓰는지 시연해주실 수 있나요?

우 쥬 쇼 미 하우 투 유즈 더 세이프?

Would you show me how to use the safe?

택시 좀 불러주시겠어요?

우 쥬 콜 미 어 캡?

Would you call me a cab?

부대시설 이용

______는 몇 층 입니까?

➡ 온 위치 플로어 이즈 ______?

On which floor is ______?

식당은 몇 층 입니까?

온 위치 플로어 이즈 더 레스터란트?

On which floor is the restaurant?

헬스장은 몇 층 입니까?

온 위치 플로어 이즈 더 피트니스 센터?

On which floor is the fitness center?

수영장은 몇 층 입니까?

온 위치 플로어 이즈 더 스위밍 풀?

On which floor is the swimming pool?

자판기는 몇 층 입니까?

온 위치 플로어 이즈 더 벤딩 머쉰?

On which floor is the vending machine?

words

floor	층	forget	잊어버리다
serve	제공하다	facility	시설
gym	운동 시설	sauna	사우나
parmacy	약국	convenience store	편의점

들어보자!

6층에 있습니다.
잇츠 온 더 식스드 플로어.
It's on the 6th floor.

제가 데려다 드릴게요.
아 윌 테익 유 데얼.
I will take you there.

방 열쇠 가져가시는 걸 잊지 마세요.
돈트 포겟 투 브링 유어 룸 키.
Don't forget to bring your room key.

저희 홈페이지에서도 이용예약 가능하십니다.
유 캔 메익 어 레저베이션 온 아월 웹사이트 투.
You can make a reservation on our website too.

좀 더 말해보자!

사용하는데 추가 이용료를 지불해야하나요?
이즈 데얼 언 엑스트라 차지 투 유즈 잇?
Is there an extra charge to use it?

시설 개장 시간은 어떻게 되나요?
왓 알 더 퍼실리티 오프닝 아월스?
What are the facility opening hours?

아침 식사는 언제 할 수 있어요?
웬 두 유 썰브 브렉퍼스트?
When do you serve breakfast?

사용 전에 미리 예약을 해야하나요?
두 아이 니드 투 메익 어 레저베이션 비포어 아이 유즈 잇?
Do I need to make a reservation before I use it?

어디서 잔돈을 구할 수 있죠?
웨얼 캔 아이 겟 썸 체인지?
Where can I get some change?

주변 시설 묻기

여기 근처에 ____ 있나요?

→ 이즈 데얼 애니 ____ 니얼바이?

Is there any ____ nearby?

여기 근처에 현금 자동화기기 있나요?

알 데얼 애니 에이티엠스 니얼바이?

Are there any ATMs nearby?

여기 근처에 편의점 있나요?

알 데얼 애니 컨비니언스 스토어스 니얼바이?

Are there any convenience stores nearby?

여기 근처에 병원 있나요?

이즈 데얼 호스피털 니얼바이?

Is there hospital nearby?

여기 근처에 세탁소 있나요?

이즈 데얼 런드로맷 니얼바이?

Is there laundromat nearby?

words

nearby	근처	building	건물
on foot	도보로	weekend	주말
opened	영업중	closed	영업 종료
market	시장	currency exchange	환전소

들어보자!

여기서 두 블록 떨어져 있어요.

잇츠 투 블록스 어웨이 프롬 히어.

It's two blocks away from here.

우리 건물에도 하나 있어요.

위 헤브 원 인 아월 빌딩 투.

We have one in our building too.

네, 그런데 매주 수요일엔 문을 닫아요.

예스, 벗 이츠 클로즈드 온 웬즈데이.

Yes, but it's closed on Wednesday.

주소 알려드릴까요?

두 유 니드 언 애드리스?

Do you need an address?

좀 더 말해보자!

걸어서 얼마나 걸릴까요?

하우 롱 윌 잇 테이크 온 풋?

How long will it take on foot?

이 지도에 표시해주실 수 있으실까요?

우 쥬 마크 잇 온 디스 맵?

Would you mark it on this map?

더 쉽게 찾을만한 다른 장소가 있을까요?

이즈 데얼 애니 아덜 플레이스 댓츠 이지얼 투 파인드?

Is there any other place that's easier to find?

그곳까지 무엇을 타고 가길 추천하시나요?

위치 트랜스포테이션 메쏘드 두 유 레커멘드 투 겟 데얼

Which transportation method do you recommend to get there?

제 대신 레스토랑 좀 예약해주실래요?

우 쥬 북 어 레스터란 포 미?

Would you book a restaurant for me?

숙박 종류

호텔(Hotel)

숙박업소의 대명사격인 호텔은 숙박과 식음료 및 서비스를 제공하는 시설을 통칭하고 있다. 호텔의 시설과 서비스는 업소별로 굉장히 다양하며, 가격대도 몇 만원부터 수천만원에 이르기까지 광범위하다. 통상적으로 1~5개의 별로 등급을 구분하지만 명확한 국제 기준이 제정되어 있는 것은 아니다.

일반적으로 호텔은 양질의 시설과 서비스를 갖추고 있지만, 그 수준과 가격이 워낙 다양하다 보니 호텔 예약 어플리케이션을 활용하는 것도 좋은 방법이다.

장점 - 양질의 시설과 서비스, 다양한 부대시설
단점 - 다소 높은 가격대

모텔(Motel)

모텔이란 차량을 이용하여 이동하는 여행자란 뜻의 단어 Motorist와 숙박업소를 뜻하는 Hotel 단어가 합쳐져 이루어진 곳이다. 이름처럼 기본적으로 주차공간과 객실을 함께 제공한다. 그렇기에 대다수 모텔은 도로변에 위치하고 있으며 도심이나 시가지로부터 먼 곳에 위치하는 편이다. 객실 단위를 기본으로 영업하기에 합리적인 가격으로 독립적인 공간을 확보할 수 있는 선택지이기도 하다. 근래에는 호텔급 시설을 갖춘 모텔들이 늘어나고 있고, 모텔에 따라 아침식사를 제공하기도 한다. 숙박정보가 부족한 경우 손쉬운 대안이 될 수 있다.

장점 - 무료주차, 저렴한 가격의 독립된 객실
단점 - 외진 입지, 지점별로 천차만별인 시설과 서비스

호스텔(Hostel)

유스호스텔로도 알려져 있는 호스텔은 호텔과 대비되는 숙박업소이다. 기본적인 숙박 형태는 도미토리(Dormitory)형태로 한 방에 적게는 3-4명부터 많게는 40-50명이 묵게 되고 공용주방과 세면장을 갖춘 경우가 많다. 보통 남녀를 분리하지만, 구별 없이 혼숙하는 형태의 호스텔도 있다. 호스텔에 따라 1인실 등을 갖춘 경우도 있다.

호스텔은 숙박비가 저렴하고, 도심 지역에도 다수 위치하고 있어 대중교통을 이용하는 여행객도 쉽게 묵을 수 있다는 장점이 있다. 또한 이용객 대다수가 여행자이기 때문에 새로운 사람을 만나 여행 정보와 현지 경험 등을 공유할 수도 있다. 하지만 공용 공간을 기본으로 하기 때문에 원치 않는 소음이나 불편함을 감수해야할 때가

있고 다른 숙박시설에 비해 지켜야할 규칙이 많다. 또한 도난이나 사생활 침해를 주의해야 한다.

장점 - 저렴한 가격, 다양한 교류 경험 기회
단점 - 불편한 주차, 사생활 및 보안 취약

비앤비(Bed&Breakfast)

B&B는 Bed(침대), 잘 곳과 Breakfast(아침식사)를 함께 제공하는 숙박 형태를 칭한다. 업소의 남는 객실부터 일반 가정집의 여유 방까지 다양한 형태로 제공되는 민박이라 볼 수 있다. 현재는 B&B 또한 상업화가 진행되어, 집 전체를 빌려주는 곳도 많다. B&B는 현지 식사와 함께 주인을 통해 손쉽게 정보를 얻을 수도 있고, 시기에 따라 호텔급의 방에서 저렴하게 묵을 수 있다는 장점이 있다. 특히 에어비앤비(Airbnb)는 이러한 B&B 중개 서비스로 약간의 수수료를 지불하면 주인(호스트)이 제공하는 숙박 정보를 검색 후 연락, 예약 및 지불까지 할 수 있어 이용이 매우 간편하여 근래 호텔의 대안으로 급부상하고 있다.

하지만 B&B는 민박의 개념으로 개인 사업자에 가깝기 때문에 호텔과 다른 숙박업소와 같이 엄격한 관리 하에 있지는 않다. 주인에 따라 시설과 서비스가 천차만별이기 때문에 숙박을 결정하기 전 꼼꼼히 따져보는 것이 좋다.

장점 - 특색 있는 시설, 현지의 분위기를 만끽하기 쉽다.
단점 - 주인에 따라 시설과 서비스의 차이가 극심하다.

레지던스 (Residence)

거주지란 의미의 레지던스는 숙박용 호텔과 주거용 오피스텔이 합쳐진 개념의 숙박업소를 의미한다. 주거란 개념에 걸맞게 취사 시설이 갖추어져 있어 취사가 가능하고, 부엌과 개별 세탁실 등을 보유하고 있다. 따라서 대체적으로 공간 또한 호텔 등에 비해 넓은 편이어서 특히 가족 단위의 관광객들이 선호하는 숙박 형태이다. 최근 고급화 경향으로 호텔 스위트 급의 인테리어와 고급 식기, 최신식 전자제품 등까지 구비된 레지던스가 늘어나고 있다. 레지던스는 타국에 있는 별장에 온 듯한 기분을 만끽할 수 있는 선택지가 되어줄 것이다.

장점 - 취사 가능, 일반 주거지에 가까운 시설을 갖춤
단점 - 상대적으로 높은 가격대

부대시설 (Facilities)

헬스장 Fitness Center Gym Health Club	**흡연구역** Smoking Area	**세탁소** Laundry Cleaner Laundromat (무인 세탁소)
간이식당 Snack Bar	**공용주방 (취사공간)** Shared Kitchen	**오락실** Game Room
대리 주차 Valet Parking	**편의점** Convenience Store	**환전소** Currency Exchange
관광안내소 Tourist Information Center Travel Bureau	**마사지&스파** Massage & Spa	**24시간 운영식당** 24 hour Dining Late-night Dining

숙박 예약 앱

호텔스컴바인

전 세계 호텔 가격 비교가 가능하며 지도에서 호텔 검색할 수 있다. 호텔, 모텔, 펜션, 리조트등 다양한 숙소 유형을 전 세계 통화로 요금을 조회할 수 있다.

호텔스닷컴

전 세계 호텔 가격 비교가 가능하며 오프라인 상태에서도 예약 히스토리와 현재 예약 상태 확인이 가능하고 어플을 통해 호텔 위치를 보면서 호텔까지 가는 가장 편한 방법을 알 수 있다.

트리바고

전 세계 호텔 예약 사이트에 있는 호텔을 찾아 가격을 비교하고 그중에서 최적의 조건, 특가 상품, 할인 정보를 찾아주며 호텔 평점을 취합한 트리바고 평점 인덱스 제공한다.

아고다

전세계 어디서든 주변에 있는 호텔을 확인하여 예약 가능하다. 맞춤 검색으로 조건과 스타일에 맞는 호텔 검색할 수 있으며 인터랙티브 맵을 이용해 숙박 호텔로 쉽게 되돌아갈 수 있다.

익스피디아

저렴한 항공권 예약권과 호텔 가격 비교를 통해 자신에게 맞는 숙소를 찾아 여행 준비를 간단하게 할 수 있다.

인터파크 투어

패키지 여행부터 항공권예약, 숙소예약까지 가능하며 모바일에서는 이벤트를 통해 저렴하게 예약할 수 있다. 어플을 통해 실시간 톡으로 예약상담이 가능하다.

에어비앤비

휴가용 임대 숙소 예약앱으로 전세계의 휴가용 임대 숙소를 찾을 수 있다. 가격, 지역, 편의시설 등의 기준으로 검색이 가능하다.

한인텔

전세계 한인게스트하우스, 한인민박 예약 플렛폼으로 현지에 있는 한국인을 통해 호텔보다 저렴한 숙박을 제공받고 여행정보를 얻을 수 있다.

식사

예약하기

자리 잡기

주문하기

추가 요청, 불만 제기

포장, 계산하기

요리법

식재료

스테이크 먹기

커피 종류

예약하기

______ 예약하고 싶습니다.

→ 아이드 라익 투 메이크 어 레저베이션 ______.

I'd like to make a reservation ______.

7시에 예약하고 싶습니다.

아이드 라익 투 메이크 어 레저베이션 앳 세븐.

I'd like to make a reservation at 7.

금요일에 예약하고 싶습니다.

아이드 라익 투 메이크 어 레저베이션 온 프라이데이.

I'd like to make a reservation on Friday.

6명 예약하고 싶습니다.

아이드 라익 투 메이크 어 레저베이션 포 식스.

I'd like to make a reservation for 6.

김 이라는 이름으로 예약하고 싶습니다.

아이드 라익 투 메이크 어 레저베이션 언더 더 네임 오브 킴.

I'd like to make a reservation under the name of Kim.

words

people	사람들	break time	휴식 시간
fully booked	예약이 꽉 차다	available	이용할 수 있는
before	~전에	after	~후에
opening hours	영업 시간	half	절반

들어보자!

몇 분 오십니까?
하우 매니 피플 아 커밍?
How many people are coming?

그 시간은 브레이크타임입니다.
위 아 온 어 브레이크 타임 덴.
We are on a break time then.

죄송합니다만 그 시간은 예약이 꽉 찼습니다.
쏘리, 위 아 풀리 북트 업 포 댓 타임.
Sorry, We are fully booked up for that time.

9시 이후에나 이용 가능하십니다.
위 아 온리 어베일러블 애프터 나인.
We are only available after 9.

좀 더 말해보자!

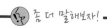

예약을 변경하고 싶습니다.
아이드 라익 투 체인지 마이 레저베이션.
I'd like to change my reservation.

그럼 8시는 어떻습니까?
하우 어바웃 에잇 오 클락 덴?
How about 8 o'clock then?

30분만 미룰 수 있을까요?
캔 아이 푸시 잇 하프 언 아워 백?
Can I push it half an hour back?

영업 시간이 어떻게 됩니까?
왓 아 유어 오프닝 아월스?
What are your opening hours?

전망이 좋은 자리로 주실 수 있나요?
캔 유 깁 미 어 시잇 위드 어 뷰?
Can you give me a seat with a view?

자리잡기

____ 자리 주시겠어요?

→ 캔 유 깁 미 어 테이블 ____ ?

Can you give me a table ____ ?

네 사람이 앉을 자리 주시겠어요?

캔 유 깁 미 어 테이블 포 포어?

Can you give me a table for four?

창가 쪽에 있는 자리 주시겠어요?

캔 유 깁 미 어 테이블 니얼 더 윈도우?

Can you give me a table near the window?

조용한 곳의 자리 주시겠어요?

캔 유 깁 미 어 테이블 인 어 콰이어트 플레이스?

Can you give me a table in a quiet place?

야외의 자리 주시겠어요?

캔 유 깁 미 어 테이블 온 아웃사이드?

Can you give me a table on outside?

words

quiet	조용한	place	장소
near	가까운	outside	밖의
waiting list	대기 명단	high chair	유아용 의자
wipe	닦다	again	다시

들어보자!

예약하셨습니까?
두 유 헤브 어 레저베이션?
Do you have a reservation?

죄송합니다만 20분 정도 기다리셔야 합니다.
쏘리, 유 슈드 웨잇 어바웃 트웬티 미닛츠.
Sorry, you should wait about 20 minutes.

대기자 명단에 이름을 올리시겠습니까?
두 유 원 투 풋 유어 네임 온 더 웨이팅 리스트?
Do you want to put your name on the waiting list?

네, 이쪽으로 오세요.
오케이, 컴 디스 웨이 플리즈.
Okay, come this way please.

좀 더 말해보자!

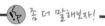

우리 앞에 사람이 얼마나 있나요?
하우 매니 피플 아 비포어 어스?
How many people are before us?

4명입니다.
데얼 아 포 오브 어스.
There are four of us.

유아용 의자 있나요?
두 유 헤브 어 하이 체얼?
Do you have a high chair?

저 테이블에 앉아도 될까요?
메이 아이 싯 앳 댓 테이블?
May I sit at that table?

테이블 좀 다시 닦아주시겠어요?
우 쥬 와이프 마이 테이블 아웃 어게인?
Would you wipe my table out again?

주문하기

저는 ______ 로 하겠습니다.

→ 아이 우드 라익 투 헤브 ______ .

I would like to have ______ .

저는 구운 소고기로 하겠습니다.

아이 우드 라익 투 헤브 로스트 비프.

I would like to have roast beef.

저는 꽃등심 스테이크로 하겠습니다.

아이 우드 라익 투 헤브 어 립아이 스테이크.

I would like to have a ribeye steak.

저는 녹색 채소 샐러드로 하겠습니다.

아이 우드 라익 투 헤브 어 믹스드 그린 샐러드.

I would like to have a mixed green salad.

저는 시그니처 소스를 뿌린 새우 튀김으로 하겠습니다.

아이 우드 라익 투 헤브 어 프라이드 쉬림프 위드 시그니처 소스.

I would like to have a fried shrimp with signiture sauce.

words

sold out	매진, 품절	recommend	추천하다
switch	(서로) 바꾸다	vegetarian	채식주의자
appetizer	전채 요리	beverage	음료
main dishes	주식 요리	side dishes	곁들이는 요리

들어보자!

주문하시겠어요?

메이 아이 테익 유어 오더?

May I take your order?

더 필요한 건 없으신가요?

애니띵 엘스?

Anything else?

죄송합니다만 오늘 치킨은 다 팔렸습니다.

쏘리, 위 알 솔드 아웃 오브 치킨 포 투데이.

Sorry, we are sold out of chicken for today.

스테이크는 어떻게 해드릴까요?

하우 우 쥬 라익 유어 스테이크?

How would you like your steak?

좀 더 말해보자!

추천 좀 해주시겠어요?

왓 우 쥬 레커멘드?

What would you recommend?

주문 좀 바꿔도 될까요?

메이 아이 체인지 마이 오더?

May I change my order?

감자튀김을 양파튀김으로 바꿀 수 있나요?

캔 아이 스윗치 마이 프라이즈 투 프라이드 어니언?

Can I switch my fries to fried onion?

저쪽 테이블 분들이 드시고 있는 건 뭔가요?

왓 알 데이 헤빙 엣 댓 테이블?

What are they having at that table?

채식주의자를 위한 메뉴가 있습니까?

두 유 헤브 어 메뉴 포 베지테리언스?

Do you have a menu for vegetarians?

추가 요청, 불만 제기

______ 는 너무 ______ 해요.

→ ______ 이즈 투 ______.

______ is too ______.

제 스테이크는 너무 덜 익었어요.

마이 스테이크 이즈 투 언더쿡트.

My steak is too undercooked.

이 수프는 너무 묽어요.

디스 숩 이즈 투 띤.

This soup is too thin.

제 감자튀김은 너무 기름져요.

마이 칩스 알 투 그뤼지.

My chips are too greasy.

제 음식은 너무 짜요.

마이 푸드 이즈 투 쏠티.

My food is too salty.

words

overcooked	지나치게 익힌	burnt	탄, 그을린
spicy	양념 맛이 강한	sour	시큼한
bitter	쓴	sweet	달콤한
cold	차가운	fresh	신선한

들어보자!

뭐 갖다 드릴까요?

왓 캔 아이 겟 유?

What can I get you?

불편한 건 없으신지요?

이즈 에브리띵 오케이 위드 유?

Is everything okay with you?

죄송합니다, 당장 하나 더 가져다 드리겠습니다.

쏘리, 아 윌 깁 유 어나더 원 롸잇 어웨이.

Sorry, I will give you another one right away.

제가 매니저분께 말씀드리겠습니다.

아 윌 톡 어바웃 디스 투 마이 매니저.

I will talk about this to my manager.

좀 더 말해보자!

메뉴판 좀 다시 주시겠어요?

캔 아이 헤브 더 메뉴 어게인?

Can I have the menu again?

이것 좀 데워주시겠어요?

우 쥬 힛 디스 업?

Would you heat this up?

제 음식에 뭐가 들었어요.

데얼 이즈 썸띵 인 마이 푸드.

There is something in my food.

제 주문이 아직 안 나왔어요.

마이 오더 헤스 낫 컴 옛

My order has not come yet.

다 좋았어요. 정말 잘 먹었습니다.

에브리띵 이즈 파인. 아이 륄리 인조이드 잇.

Everything is fine. I really enjoyed it.

포장, 계산하기

____ 해 주실 수 있으세요?

→ 우 쥬 ____ ?

Would you ____ ?

이걸 포장용 박스에 주실 수 있으세요?

우 쥬 깁 미 디스 인 어 투-고 박스?

Would you give me this in a to-go box?

이걸 싸주실 수 있으세요?

우 쥬 렙 디스 업 포 미?

Would you wrap this up for me?

포장용 봉지를 주실 수 있으세요?

우 쥬 겟 미 어 도기 백?

Would you get me a doggie bag?

남은 음식을 포장해 주실 수 있으세요?

우 쥬 박스 마이 레프트오벌스 업?

Would you box my leftovers up?

words

leftover	남은 음식	enjoy	즐기다
meal	식사	include	포함하다
together	함께	separately	따로따로, 각기
parking pass	주차권	check	계산서

들어보자!

매장에서 드시나요 포장하시나요?
이즈 디스 포 히얼 오어 투 고?
Is this for here or to go?

식사는 맛있게 하셨나요?
디 쥬 인조이 유어 밀?
Did you enjoy your meal?

같이 계산하십니까?
알 유 페잉 투게더?
Are you paying together?

주차권 필요하십니까?
두 유 니드 어 파킹 패스?
Do you need a parking pass?

좀 더 말해보자!

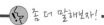

계산서 좀 주시겠어요?
캔 아이 헤브 마이 첵 플리즈?
Can I have my check please?

팁이 포함된 금액입니까?
더즈 디스 인클루 더 팁?
Does this include the tip?

따로 계산해주시겠어요?
캔 위 페이 세퍼레이틀리?
Can we pay separately?

신용카드 받습니까?
두 유 테익 크레딧 카즈?
Do you take credit cards?

계산이 맞지 않는 것 같습니다. 이건 무슨 금액인가요?
아이 띵크 잇 이즈 낫 롸잇. 왓 이즈 디스 포?
I think it is not right. What is this for?

요리법

(오븐에)구운 baked	끓인 boiled	석쇠에 구운 broiled	다진 chopped
기름에 튀긴 deep fried	(향,맛)가미한 flavored	불판에 구운 (직화) grilled	겹겹히 쌓인 layered
양념에 재운 marinated	으깬 mashed	녹인 melted	섞은 mixed
쌍으로 제공 paired	프라이팬에 구운 pan fried	살짝 데친 parboiled	있는 그대로의 (아무 것도 넣지 않은) plain
날 것 raw	볶은 roasted	소금에 절인 salted	빠르게 겉면을 익힌 seared
양념을 한 seasoned	~와 함께 제공된다 served with	채 썬 shredded	얇게 저민 sliced
훈제한 smoked	증기로 찐 steamed	위에 얹어진 topped	뒤적인 tossed

식재료

meat	고기	cabbage	양배추
beef	소고기	tomato	토마토
pork	돼지고기	mushroom	버섯
chicken	닭고기	coriander	고수
lamp	양고기	radish	무
duck	오리고기	cucumber	오이
egg	계란	fruit	과일
ham	햄	apple	사과
sausage	소시지	pear	배
fish	생선	plum	자두
shrimp	새우	watermelon	수박
lobster	바닷가재	grape	포도
crab	게	strawberry	딸기
salmon	연어	peach	복숭아
tuna	참치	raspberry	산딸기
cod	대구	raisin	건포도
eel	장어	soft drink	탄산음료
oyster	굴	coke	콜라
clam	조개	liquor	술
vegetable	채소	milk	우유
carrot	당근	water	물
potato	감자	sugar	설탕
sweet potato	고구마	salt	소금
onion	양파	pepper	후추
red pepper	고추	vinegar	식초
lettuce	상추	tea	차

스테이크 먹기

스테이크 부위

발음	영문표기	부위
텐더로인	Tenderloin (=Filet Mignon)	안심
서로인	Sirloin	안심과 갈비 근처 등심
스트립로인	Striploin (=New York Strip)	채끝등심
립아이	Rib Eye	꽃등심
티본 스테이크	T- bone Steak	T자형 뼈에 안심과 등심이 모두 붙어있는 스테이크
포터하우스	Porterhouse Steak	T본 스테이크 형태에서 안심이 골프공 크기 이상인 스테이크
플랫아이언	Flat Iron (=Top Blade)	부채살

스테이크 굽기 정도

※ 겉면은 시어링 과정을 거치기 때문에 바짝 익어있다.

레어 Rare	잘랐을 때 단면 가운데의 75% 정도가 붉은 색을 유지하는 굽기 정도.
미디움레어 Medium-Rare	잘랐을 때 단면 가운데의 50% 정도가 붉은 색을 유지하는 굽기 정도.
미디움 Medium	잘랐을 때 단면 가운데의 25% 정도가 붉은 색을 유지하는 굽기 정도.
미디움웰던 Medium-Well Done	붉은 색은 모두 사라지고 은은한 연홍색 자국만 남은 굽기 정도.
웰던 Well Done	붉은 색이 모두 사라진, 속까지 모두 갈색으로 익힌 굽기 정도.

커피 종류

에스프레소
Espresso
가루 형태의 원두에서 고온, 고압으로 추출해낸 진한 이탈리아식 커피.

리스트레토
Ristretto
소량의 에스프레소를 단시간에 추출한 커피. 진한 에스프레소.

에스프레소 콘파냐
Espresso Con Panna
에스프레소에 휘핑크림을 얹는 커피.

아메리카노
Americano
에스프레소에 물을 넣어 연하게 마시는 커피.

롱블랙
Long black
뜨거운 물위에 에스프레소 샷 두 잔을 더해 만든 커피.

카페라떼
Cafe latte
에스프레소에 우유를 넣은 커피.

플랫화이트
Flat white
에스프레소에 미세한 입자의 스팀 밀크를 혼합하여 만든 진하고 부드러운 커피.

카푸치노
Cappuccino
에스프레소에 우유를 넣고 우유 커품을 올려 계핏가루를 뿌린 이탈리아식 커피.

카페모카
Cafe Mocha
에스프레소에 우유와 초콜릿을 첨가한 초콜릿 향이 강한 커피.

아포가토
Affogato
아이스크림 위에 에스프레소를 끼얹어 만드는 커피.

캐러멜 마키아토
Caramel Macchiato
에스프레소에 우유와 캐러멜 소스를 넣고 우유 거품을 살짝 올린 커피.

비엔나 커피
Vienna Coffee
에스프레소에 물을 넣어 희석한 후 휘핑크림을 얹은 커피.

쇼핑

품목 찾기

가격 흥정

계산하기

물건 교환하기

물건 환불하기

의류 사이즈

신발 사이즈

색상

소재

품목 찾기

______ 를 찾고 있습니다.

→ 아이 엠 루킹 포 ______.

I am looking for ______.

전자 제품을 찾고 있습니다.

아이 엠 루킹 포 일렉트로닉스.

I am looking for electronics.

화장품을 찾고 있습니다.

아이 엠 루킹 포 코스메틱스.

I am looking for cosmetics.

먹을 것을 찾고 있습니다.

아이 엠 루킹 포 섬띵 투 잇.

I am looking for something to eat.

딸에게 선물할 것을 찾고 있습니다.

아이 엠 루킹 포 어 프레젠트 포 마이 도터.

I am looking for a present for my daughter.

words

look for	찾다, 구하다	perfume	향수
underwear	속옷	sportswear	스포츠 의류
window-shopping	아이쇼핑	popular	인기 있는
try on	입어보다	take off	벗다

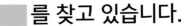

들어보자!

무엇을 도와드릴까요?
하우 캔 아이 헬프 유?
How can I help you?

도움이 필요하시면, 저를 찾아주세요.
이프 유 니드 애니 헬프, 저스트 렛 미 노우.
if you need any help, just let me know.

가장 잘 나가는 제품들을 보여드릴게요.
렛 미 쇼 유 아워 베스트.
Let me show you our bests.

한 번 확인해보겠습니다.
아이 윌 첵 잇 아웃 포 유.
I will check it out for you.

좀 더 말해보자!

전 그냥 둘러보는 중이에요.
아이 엠 저스트 루킹 어라운드.
I am just looking around.

이거 입어봐도 될까요?
메이 아이 트라이 디스 온?
May I try this on?

이거 다른 색으로도 나오나요?
더즈 디스 컴 인 아덜 컬러스?
Does this come in other colors?

다른 것을 보여주시겠어요?
쿠 쥬 쇼 미 어나더 원?
Could you show me another one?

가장 인기 있는 제품은 무엇인가요?
왓 이즈 더 모스트 팝퓰러?
What is the most popular?

가격 흥정

_____하면 할인 받을 수 있나요?

➡ 캔 아이 겟 어 디스카운트 이프 아이 _____?

Can I get a discount if I _____?

50달러 이상 사면 할인 받을 수 있나요?

캔 아이 겟 어 디스카운트 이프 아이 바이 모어 댄 피브티 달러스?

Can I get a discount if I buy more than 50$?

두 개 이상 사면 할인 받을 수 있나요?

캔 아이 겟 어 디스카운트 이프 아이 바이 모어 댄 투?

Can I get a discount if I buy more than two?

현금으로 지불하면 할인 받을 수 있나요?

캔 아이 겟 어 디스카운트 이프 아이 페이 인 캐쉬?

Can I get a discount if I pay in cash?

전시된 것을 사면 할인 받을 수 있나요?

캔 아이 겟 어 디스카운트 이프 아이 테이크 어 디스플레이드 원?

Can I get a discount if I take a displayed one?

words

discount	할인(하다)	bargain	흥정
price	가격	offer	제안
expensive	비싼	cheap	값 싼
altogether	모두 합쳐, 총	defecter	결함이 있는

들어보자!

네 20% 할인해드릴게요.
오케이. 아이 윌 기브 유 투웨니퍼센트 오프.
Okay. I will give you 20% off.

제 매니저에게 물어볼테니 잠시만 기다려주세요.
렛 미 에스크 마이 메니져. 플리즈 웨잇.
Let me ask my manager. Please wait.

저흰 흥정하지 않습니다. 정찰제로만 팝니다.
위 돈 바겐. 위 저스트 셀 아이템스 엣 픽스드-프라이스.
We don't bargain. We just sell items at fixed-price.

가격표에 붙어있는 가격이 최종 가격입니다.
더 프라이스 온 테크 이즈 아월 파이널 오퍼.
The price on tag is our final offer.

죄송하지만 불가능하세요. 마지막 1점이에요.
쏘리, 아이 캔트. 디스 이즈 아월 라스트 피스.
Sorry, I can't. This is our last piece.

그러시면 반품은 불가능하십니다.
이프 유 두, 유 원트 비 에이블 투 리턴 잇.
If you do, you won't be able to return it.

2개 사시면 하나를 무료로 드립니다.
바이 투, 겟 원 프리.
Buy 2, Get 1 Free.

좀 더 말해보자!

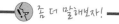

조금 비싸네요. 더 저렴한 상품도 있나요?
이츠 어 빗 익스펜시브. 두 유 헤브 어 취펄 원?
It's a bit expensive. Do you have a cheaper one?

100달러 이하 제품들을 보여주시겠어요?
캔 유 쇼 미 아이템스 레스 덴 원헌드레드달리스?
Can you show me items less than $100?

계산하기

____ 얼마 입니까?

→ 하우 머취 ____ ?

How much ____ ?

다 해서 얼마 입니까?

하우 머취 인 토탈?

How much in total?

두 개 다 사면 얼마 입니까?

하우 머취 이프 아이 겟 보스?

How much If I get both?

할인한 가격으로는 얼마 입니까?

하우 머취 이즈 더 세일 프라이스?

How much is the sale price?

세금 환급을 받기 위해 내야하는 금액은 얼마 입니까?

하우 머취 슈드 아이 페이 투 겟 어 텍스 리펀드?

How much should I pay to get a tax refund?

words

credit card	신용 카드	product	상품, 제품
installment	할부 지급	single payment	일시불
receipt	영수증	wrap	포장하다
warranty	품질 보증서	valid	유효한

들어보자!

현금으로 하시겠습니까? 신용카드로 하시겠습니까?
우 쥬 라익 투 페이 인 캐쉬 오어 바이 크레딧 카드?
Would you like to pay in cash or by credit card?

할부로 하시겠습니까 일시불로 하시겠습니까?
우 쥬 라익 투 페이 인 인스톨먼트 오어 인 풀?
Would you like to pay in installments or in full?

상품 교환은 영수증 발행일로부터 7일 이내에 가능하십니다.
유 메이 익스체인쥐 프로덕츠 위딘 세븐 데이즈 에프터 리시트.
You may exchange products within 7 days after receipt.

세일 상품은 교환이나 환불이 불가합니다.
위 캔 낫 익스체인쥐 오어 리펀드 세일 프로덕츠.
We can not exchange or refund sale products.

좀 더 말해보자!

제 생각엔 뭔가 잘못된 것 같은데, 다시 확인해주실래요?
아이 띵크 데얼 이즈 썸씽 뤙. 우 쥬 췍 어게인 플리즈?
I think there is something wrong. Would you check again please?

무이자 할부는 몇 개월인가요?
포 하우 메니 먼스 두 유 오퍼 인터레스트-프리 인스톨먼트?
For how many months do you offer interest-free installments?

교환이나 환불은 언제까지 가능한가요?
언틸 웬 캔 아이 겟 언 익스체인쥐 오어 리펀?
Until when can I get an exchange or refund?

선물 포장 서비스를 받을 수 있나요?
캔 아이 겟 어 기프트 랩 서비스?
Can I get a gift wrap service?

보증기간은 얼마나 되나요? 한국에서도 유효한가요?
하우 롱 이즈 더 워런티? 이즈 잇 벨리드 인 코리아?
How long is the warranty? Is it valid in Korea?

물건 교환하기

____로 교환 해 주실 수 있나요?

→ 캔 아이 익스체인쥐 디스 포 ____?

Can I exchange this for ____?

저 것으로 교환 해 주실 수 있나요?

캔 아이 익스체인쥐 디스 포 뎃?

Can I exchange this for that?

더 큰 것으로 교환 해 주실 수 있나요?

캔 아이 익스체인쥐 디스 포 어 라져 원?

Can I exchange this for a larger one?

44사이즈로 교환 해 주실 수 있나요?

캔 아이 익스체인쥐 디스 포 어 사이즈 포리포?

Can I exchange this for a size 44?

다른 색으로 교환 해 주실 수 있나요?

캔 아이 익스체인쥐 디스 포 어나더 컬러?

Can I exchange this for another color?

words

without	~없이	out of stock	품절, 매진
proof	증거, 증명	clerk	점원, 직원
scratched	긁힌	used	사용된
work	작동하다	properly	제대로,적절히

들어보자!

물론이죠, 영수증 좀 보여주시겠어요?
슈어, 메이 아이 씨 유얼 리시트?
Sure, may I see your receipt?

영수증 가져오셨나요?
디 쥬 브링 유어 리시트?
Did you bring your receipt?

이 제품을 언제 구매하셨어요?
웬 디 쥬 바이 디스 프로덕트?
When did you buy this product?

죄송하지만 요청하신 사이즈는 품절되었습니다.
쏘리, 더 사이즈 유 에스크드 이즈 아웃 오브 스톡.
Sorry, the size you asked for is out of stock.

죄송합니다만 영수증 없이는 어떤 교환이나 환불도 불가능하십니다.
쏘리, 위 돈 어로우 애니 익스체인쥐스 오어 리펀즈 위드아웃 리시트.
Sorry, we don't allow any exchanges or refunds without receipt.

좀 더 말해보자!

오, 영수증 가져오는 걸 잊어버렸어요.
오, 아이 포갓 투 브링 마이 리시트.
Oh, I forgot to bring my receipt.

여기서 이틀 전에 구매했습니다.
아이 보우트 잇 히어 투 데이즈 어고.
I bought it here two days ago.

전혀 사용하지 않았어요.
아이 헤브 낫 유즈드 잇 엣 올.
I have not used it at all.

지난번에 한 점원이 사이즈를 잘못 줬어요.
라스트 타임, 어 클락 게이브 미 더 뤙 사이즈.
Last time, a clerk gave me the wrong size.

물건 환불하기

이 물건을 환불하고 싶은데요. ____ 때문입니다.

→ 아이 우드 라익 투 리턴 잇 포 어 리펀드. 비코우스 ____.

I would like to return it for a refund. Because ____.

제대로 작동을 안 하기 때문입니다.

비코우스 잇 더즌 워크 프로펄리.

Because it doesn't work properly.

마음이 바뀌었기 때문입니다.

비코우스 아이 체인지드 마이 마인드.

Because I changed my mind.

손상됐기 때문입니다.

비코우스 잇츠 데미쥐드.

Because it's damaged.

제가 생각했던 것과 다르기 때문입니다.

비코우스 잇 워즈 디퍼런트 왓 아이 쏘우트.

Because it was different from what I thought.

words

return	반납하다	refund	환불하다
reason	이유	policy	정책, 방침
unable	할 수 없는	gift certificates	상품권
purchase	구매하다	customer service	고객 서비스

들어보자!

네, 그 전에 물건을 확인해봐도 되겠습니까?
오케이, 메이 아이 첵 더 프로덕트 비포?
Okay, may I check the product before?

물건에 문제가 있으신지요?
이즈 데어 애니띵 뤙 위드 더 프로덕트?
Is there anything wrong with the product?

현금으로 지불하셨나요? 아니면 카드로 지불하셨나요?
디 쥬 페이드 인 캐쉬 오어 바이 크뤠딧 카드?
Did you pay in cash or by credit card?

요청해주신 이유로는 환불해드릴 수 없습니다.
쏘리, 위 캔 기브 유 리펀드 포 더 리즌 유 에스크드.
Sorry, we can't give you refunds for the reason you asked.

이 제품의 경우 상품권으로만 환불 받으실 수 있습니다.
포 디스 아이템, 위 캔 온니 기브 유 리펀드 인 기프트 바우처스.
For this item, we can only give you refunds in gift vouchers.

이 경우, 50프로만 환불 받으실 수 있습니다. 괜찮으시겠어요?
인 디스 케이스, 유 온니 겟 어 피프티 퍼센츠 리펀드. 이즈 댓 오케이?
In this case, you only get a 50% refund. Is that okay?

좀 더 말해보자!

100달러는 현금으로 지불하고, 나머지는 카드로 지불했어요.
아이 페이드 원헌드레드달러 인 캐쉬 앤 더 레스트 온 더 카드.
I paid $100 in cash and the rest on the card.

제가 이걸 살 때, 점원분이 그런 말씀은 없으셨어요.
웬 아이 버웃 잇, 어 클락 네버 멘션드 뎃 폴리시.
When I bought it, the clerk never mentioned that policy.

이걸 다른 지점에서 샀는데, 여기서 환불 가능한가요?
아이 버웃 잇 엣 어 디퍼런트 브뤤치. 캔 아이 겟 어 리펀드 히어?
I bought It at a different branch. Can I get a refund here?

의류 사이즈

여성 의류 사이즈 조견표

한국		미국		영국	유럽
44	85	0	XS	4~6	34
55	90	2~4	S	8~10	36
66	95	6~8	M	10~12	38
77	100	10~12	L	14~16	40
88	105	14~16	XL	18~20	42

여성 하의 사이즈 조견표

허리(인치)	24	25~26	27~28	29~30	31~32	32~33
사이즈	XXS	XS	S	M	L	XL

남성 의류 사이즈 조견표

한국	미국	영국	유럽
85	XS	0	44~46
90	S	1	46
95	M	2	48
100	L	3	50
105	XL	4	52
110	XXL	5	54

여성 하의 사이즈 조견표

허리(인치)	28	30	32	34	36	38
사이즈	XS	S	M	L	XL	XXL

신발 사이즈

여성 신발 사이즈 조건표

한국	미국	영국	유럽
220	5	2.5	35.5
225	5.5	3	36
230	6	3.5	36.5
235	6.5	4	37
240	7	4.5	37.5
245	7.5	5	38
250	8	5.5	38.5
255	8.5	6	39
260	9	6.5	40
265	9.5	7	40.5
270	10	7.5	41
275	10.5	8	42
280	11	8.5	43

남성 신발 사이즈 조건표

한국	미국	영국	유럽
240	6	5.5	38.5
245	6.5	6	39
250	7	6.5	40
255	7.5	7	40.5
260	8	7.5	41
265	8.5	8	42
270	9	8.5	42.5
275	9.5	9	43
280	10	9.5	44.5
285	10.5	10	45
290	11	10.5	45.5
295	11.5	11	46
300	12	11.5	46.5

색상

빨강색	Red
암적색	Burgundy
갈색	Brown
주황색	Orange
노랑색	Yellow
겨자색	Mustard
초록색	Green
카키색	Khaki
청록색	Turquoise
파랑색	Blue
곤색	Navy
보라색	Purple
분홍색	Pink
연두색	Yellowgreen
하늘색	Skyblue
흰색	White
상아색	Ivory
회색	Gray
진회색	Charcoal
검정색	Black
은색	Silver
금색	Gold

소재

면
Cotton

목화에서 얻어낸 솜에서 추출한 천연 섬유이다.

마
Linen

여름용 의류에 많이 쓰이는 천연 섬유로 린넨이라고도 불린다.

견
Silk

비단이란 뜻의 한자말로 견은 누에고치 실로 만든 천연 섬유이다.

모(양모)
Wool

일반적으로는 양모를 의미하는 천연 섬유이다.

캐시미어
Cashmere

산양에서 채취한 털로 양모보다 더 가볍고 보온성도 뛰어나다.

나일론
Nylon

비단 비슷한 질감으로 가장 대표적인 합성 섬유이다.

폴리에스터
Polyester

가장 많이 사용되는 합성섬유로 줄여서 폴리라고도 한다.

아크릴
Acrylic

모와 비슷한 성질로 대체 원단으로 주로 쓰이는 합성 섬유이다.

레이온
Rayon

실크처럼 감촉이 좋고 매끄러운 합성 섬유이다.

폴리우레탄
Polyurethane

소위 스판이라 불리는 탄성 섬유로 고무처럼 잘 늘어나고 회복성도 좋다.

데님
Denim

비교적 두꺼운 면직물의 일종으로 현재는 나일론과의 혼방제품도 많다.

스웨이드
Suede

동물의 가죽 뒷면을 보드랍게 보풀린 가죽이나 그것을 모방하여 짠 직물을 말한다.

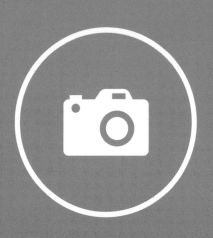

관광

정보 수집, 예약

변경, 취소

가이드 투어

미술관, 박물관

공연, 경기

사진촬영

여행에 유용한 앱

국경일 정보

팁 주기

정보 수집, 예약

______를 예약하고 싶습니다.

→ 아이드 라익 투 북 ______.

I'd like to book ______.

A패키지를 예약하고 싶습니다.

아이드 라익 투 북 디 에이 패키지.

I'd like to book the A package.

시내 버스 투어를 예약하고 싶습니다.

아이드 라익 투 북 어 시티 버스 투어.

I'd like to book a city bus tour.

유람선 투어를 예약하고 싶습니다.

아이드 라익 투 북 어 크루즈 투어.

I'd like to book a cruise tour.

개인 투어를 예약하고 싶습니다.

아이드 라익 투 북 어 프라이빗 투어.

I'd like to book a private tour.

words

confirm	확인하다	pick up	픽업, 마중
recommendation	추천	suitable	적합한
landmark	랜드마크, 대표 건물	attraction	명소
scenery	경치, 풍경	night view	야경

들어보자!

선택하실 수 있는 3가지 옵션이 있습니다.
데얼 아 쓰리 옵션스 유 캔 추즈.
There are 3 options you can choose.

좋은 선택이십니다. 저희 추천 중 하나에요.
엑셀런트 초이스. 댓츠 원 오브 아월 페이보릿츠.
Excellent choice. That's one of our favorites.

선택하신 사항들을 확인해주십시오.
플리즈 컨펌 디 옵션스 유 셀렉티드.
Please confirm the options you selected.

저희가 호텔 앞으로 모시러 가겠습니다.
위 윌 픽 유 업 인 프론트 오브 유어 호텔.
We will pick you up in front of your hotel.

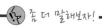

좀 더 말해보자!

이 도시에서 가장 유명한 장소는 어디에요?
왓 이즈 더 모스트 페이머스 플레이스 인 디스 시티?
What is the most famous place in this city?

이 고장 특산물이 무엇인가요?
왓 알 로컬 스페셜티즈 히얼?
What are local specialties here?

한국어 안내원이 있나요?
두 유 헤브 코리안 가이즈?
Do you have Korean guides?

식사도 포함된 금액인건가요?
더즈 더 프라이스 인클루드 밀즈?
Does the price include meals?

[어린 아이들에게/어르신들께]도 적합할까요?
이즈 잇 수터블 포 [영 췰드런/시니어즈] 투?
Is it suitable for [young children / seniors] too?

변경, 취소

죄송하지만, ______ 할 수 있을까요?

→ 익스큐즈 미, 메이 아이 ______?

Excuse me, may I ______?

죄송하지만, 제 일정을 취소 할 수 있을까요?

익스큐즈 미, 메이 아이 캔슬 마이 투어?

Excuse me, may I cancel my tour?

죄송하지만, 제 일정을 미룰 수 있을까요?

익스큐즈 미, 메이 아이 푸시 백 마이 투어?

Excuse me, may I push back my tour?

죄송하지만, 내일 관광 일정을 변경 할 수 있을까요?

익스큐즈 미, 메이 아이 리스케쥴 투머로우스 투어?

Excuse me, may I reschedule tomorrow's tour?

죄송하지만, 오늘 여정에 사람을 한 명 추가 할 수 있을까요?

익스큐즈 미, 메이 아이 애드 어 퍼슨 포 투데이스 투어?

Excuse me, may I add a person for today's tour?

words

personnel	인원	on the spot	현장, 즉석에서
penalty	위약금, 불이익	alternative	대안
register	등록하다	extra charge	추가 요금
best seller	인기 상품	choice	선택(권)

들어보자!

예약 변경은 하루 전까지만 가능하십니다.
어 체인지 오브 레져베이션 이즈 온리 어베일러블 언틸 어 데이 비포어.
A change of reservation is only available until a day before.

취소가 확인되셨습니다.
유어 캔슬레이션 이즈 컨펌드.
Your cancellation is confirmed.

일정을 언제로 변경하시겠습니까?
웬 우 쥬 라익 투 리스케쥴 포?
When would you like to reschedule for?

추가 인원으로 인한 요금은 현지에서 현금으로 지불하셔야 합니다.
어 페어 듀 투 애딩 퍼스넬 해즈 투 비 페이드 인 캐시 온 더 스팟.
A fare due to adding personnel has to be paid in cash on the spot.

좀 더 말해보자!

취소 위약금이 발생합니까?
이즈 데얼 애니 캔슬레이션 페널티?
Is there any cancellation penalty?

그렇다면 다음 것으로 옮길 수 있을까요?
이프 낫 덴, 캔 아이 무브 잇 투 더 넥스트 원?
If not then, can I move it to the next one?

이 계좌로 환불해주세요.
플리즈 트랜스퍼 마이 리펀드 인투 디스 어카운트.
Please transfer my refund into this account.

점심식사 후에 합류해도 되나요?
캔 아이 조인 더 파티 애프터 런치?
Can I join the party after lunch?

중간에 그만두어도 전액을 내야하나요?
두 아이 니드 투 페이 풀 프라이스 이븐 이프 아이 리브 인 더 미들?
Do I need to pay full price even if I leave in the middle?

가이드 투어

오른쪽에서 ______를 보실 수 있습니다.

→ 온 유어 롸잇, 유 캔 씨 ______.

On your right, you can see ______.

이 마을에서 가장 인기있는 식당을 보실 수 있습니다.

유 캔 씨 더 모스트 팝퓰러 레스터란트 인 디스 타운.

You can see the most popular restaurant in this town.

이 도시에서 가장 높은 건물을 보실 수 있습니다.

유 캔 씨 더 하이스트 빌딩 인 더 씨티.

You can see the highest building in the city.

이 나라에서 가장 큰 쇼핑몰을 보실 수 있습니다.

유 캔 씨 더 라지스트 쇼핑 센터 인 디스 컨트리.

You can see the largest shopping center in this country.

세계에서 가장 오래된 교회를 보실 수 있습니다.

유 캔 씨 디 올디스트 처치 인 더 월드.

You can see the oldest church in the world.

words

local	지역의	origin	유래
stop by	잠시 들르다	taste	취향, 입맛
tale	설화	history	역사
head count	인원 조사	rest area	휴게소

들어보자!

이 신전은 독특한 건축양식으로 잘 알려져 있습니다.
디스 템플 이즈 웰 노운 바이잇츠 유니크 아키텍츄럴 스타일.
This temple is well known by its unique architectural style.

이곳은 또한 대통령의 방문으로 유명해지기도 했습니다.
디스 플레이스 얼쏘 비케임 페이머스 비코우즈 더 프레지던트 비지티드 잇.
This place also became famous because the president visited it.

오후 2시까지 이 자리로 돌아오셔야 합니다.
유 슈드 비 백 히얼 바이 투 피엠.
You should be back here by 2 P.M.

돌아다니실 때 소매치기를 조심하세요.
와일 행잉 어라운드, 플리즈 비웨얼 오브 픽포켓츠.
While hanging around, please beware of pickpockets.

좀 더 말해보자!

이 동상은 어떻게 유명해진 거예요?
왓 메익스 디스 스태츄 쏘 페이머스?
What makes this statue so famous?

저희 이거 다음엔 무얼 하나요?
왓 아 위 고잉 투 두 넥스트?
What are we going to do next?

여기서는 기념품으로 무엇을 추천하시나요?
왓 두 유 레커멘드 히얼 포 어 수베니어?
What do you recommend here for a souvenir?

저희 언제 다시 모이나요?
웬 두 위 개덜 어게인?
When do we gather again?

어디에 계실건가요?
웨얼 윌 유 비 앳?
Where will you be at?

미술관, 박물관

는 어디서 찾을 수 있나요?

→ 이즈 디스 버스 ?

Where can I find ?

박물관 지도는 어디서 찾을 수 있나요?

웨얼 캔 아이 파인드 어 맵 오브 더 뮤지움?

Where can I find a map of the museum?

한국어 안내책자는 어디서 찾을 수 있나요?

웨얼 캔 아이 파인드 어 브로슈어 인 코리안?

Where can I find a brochure in Korean?

고흐의 작품들은 어디서 찾을 수 있나요?

웨얼 캔 아이 파인드 어 웍스 오브 밴 고흐?

Where can I find works of Van Gogh?

민족 의상 전시회는 어디서 찾을 수 있나요?

웨얼 캔 아이 파인드 언 이그지빗 오브 에스닉 코스튬스?

Where can I find an exhibit of ethnic costumes?

words

admission fee	입장료	exhibition	전시
showcase	진열장	masterpiece	명작
ban	금하다	commentary	해설, 논평
gift shop	기념품점	curator	큐레이터

들어보자!

1층 안내데스크로 가시면 찾으실 수 있습니다.
유 캔 파인드 원 앳 디 인포메이션 데스크 온 더 퍼스트 플로어.
You can find one at the information desk on the first floor.

이 프로그램에 참여하시려면 예약을 미리 하셔야합니다.
레져베이션즈 알 리콰이얼드 투 파티써페이트 인 디스 프로그램.
Reservations are required to participate in this program.

저희는 자동전시 가이드를 하는 모바일 앱 서비스를 제공하고 있습니다.
위 아 오퍼링 더 모바일 앱 서비스, 위치 플레이즈 언 오토매틱 이그지빗 가이드.
We are offering the mobile app service, which plays an automatic exhibit guide.

들어가실 수 없습니다. 음식과 음료는 반입이 금지되어 있습니다.
유 캔트 고 인 데얼, 푸드 앤 비버리지스 아 프로히비티드.
You can't go in there, food and beverages are prohibited.

좀 더 말해보자!

가장 가까운 화장실이 어디에요?
웨얼 이즈 더 니어리스트 레스트룸?
Where is the nearest restroom?

가이드 투어를 신청하려면 어떻게 해야합니까?
하우 캔 아이 메익 어 레져베이션 포 어 가이디드 투어?
How can I make a reservation for a guided tour?

지금 신청해도 될까요?
캔 아이 사인 업 포 잇 나우?
Can I sign up for it now?

3층 전시회 입장료가 추가로 있나요?
이즈 데얼 언 엑스트라 애드미션 퓌 포 디 이그지비션 온 더 써드 플로어?
Is there an extra admission fee for the exhibition on the third floor?

짐을 맡길 곳이 있습니까?
이즈 데얼 썸웨얼 아이 캔 리브 마이 배기지?
Is there somewhere I can leave my baggage?

공연, 경기

____으로 좌석 구매 가능하나요?

→ 알 ____ 씻츠 나우 어베일러블?

Are ____ seats now available?

앞줄로 좌석 구매 가능하나요?

알 더 프론트 로우 씻츠 나우 어베일러블?

Are the front row seats now available?

1층 좌석 2장으로 좌석 구매 가능하나요?

알 투 퍼스트 플로어 씻츠 나우 어베일러블?

Are 2 first floor seats now available?

R등급으로 좌석 구매 가능하나요?

알 더 알 클래스 씻츠 나우 어베일러블?

Are the R class seats now available?

홈팀 응원석으로 좌석 구매 가능하나요?

알 더 홈 팀 스탠딩 씻츠 나우 어베일러블?

Are the home team standing seats now available?

words

actor	배우	role	역할, 배역
applause	박수 갈채	intermission	(공연 중간)휴식 시간
cheer	응원	encore	앙코르, 재청
full house	만석	rain check	우천 교환권

들어보자!

공연 시작과 동시에 문이 닫힙니다.
에프터 더 쇼 비긴스, 더 도어 윌 비 클로즈드.
After the show begins, the door will be closed.

공연 중에는 자리에서 일어서지 마세요.
플리즈 리메인 씨티드 듀링 더 퍼포먼스.
Please remain seated during the performance.

핸드폰은 반드시 꺼두시거나 소리가 나지 않게 해주십시오.
쎌 폰즈 머스트 비 턴드 오프 오어 스윗치드 투 사일런트 모드.
Cell phones must be turned off or switched to silent mode.

사진 촬영은 허용되나 동영상 촬영은 엄격히 금지되어 있습니다.
픽쳐스 알 얼라우드, 벗 필르밍 비디오 이즈 스트릭틀리 포비든.
Pictures are allowed, but filming video is strictly forbidden.

좀 더 말해보자!

[공연/경기]는 얼마 동안 하나요?
하우 롱 이즈 더 [퍼포먼스/게임]?
How long is the [performance / game]?

중간에 쉬는 시간이 있나요?
두 위 헤브 언 인터미션?
Do we have an intermission?

가능하면 통로 쪽 좌석으로 주세요.
플리즈 기브 미 언 아일 씻 이프 파서블.
Please give me an aisle seat if possible.

공연은 즐거우셨나요?
하우 디 쥬 라익 더 쇼?
How did you like the show?

저는 당신의 열렬한 팬이에요! 사인 좀 받을 수 있을까요?
아임 어 빅 팬 오브 유! 캔 아이 겟 유어 오토그래프?
I'm a big fan of you! Can I get your autograph?

사진 촬영

______ 사진을 찍어도 될까요?

→ 메이 아이 테익 어 픽쳐 ______?

May I take a picture ______?

당신과 같이 사진을 찍어도 될까요?

메이 아이 테익 어 픽쳐 위드 유?

May I take a picture with you?

이것의 사진을 찍어도 될까요?

메이 아이 테익 어 픽쳐 오브 디스?

May I take a picture of this?

여기서 사진을 찍어도 될까요?

메이 아이 테익 어 픽쳐 히얼?

May I take a picture here?

우리의 단체 사진을 찍어도 될까요?

메이 아이 테익 어 픽쳐 오브 아워 그룹?

May I take a picture of our group?

words

smile	웃다	one more time	한 번 더
horizontally	가로로	vertically	세로로
recording	녹음, 녹화	memory	추억
portrait	초상화, 인물사진	permission	허락, 허가

들어보자!

더 가까이 모이세요. 셋까지 세겠습니다.
겟 클로저 투게더. 아 윌 카운 투 쓰리.
Get closer together. I'll count to three.

공연 중에는 사진을 촬영하지 말아주십시오.
플리즈 돈트 테익 어 픽쳐 듀링 더 퍼포먼스.
Please don't take a picture during the performance.

박물관 내에서 플래시를 사용하지 않는 촬영은 허용됩니다.
포토그래피 위드아웃 어 플래시 이즈 퍼미티드 인 더 뮤지움.
Photography without a flash is permitted in the museum.

사진은 상업적 목적이 아닌 개인적인 목적으로만 사용될 수 있습니다.
포토그랩스 메이 온리 비 유즈드 포 프라이빗 퍼포지즈, 낫 커머셜.
Photographs may only be used for private purposes, not commercial.

좀 더 말해보자!

저희 사진 좀 찍어주시겠어요?
우 쥬 테익 어 픽쳐 오브 어스?
Would you take a picture of us?

그냥 이 버튼 누르시면 돼요.
저스트 프레스 디스 버튼.
Just press this button.

우리 같이 사진 찍어요!
렛츠 테익 어 픽쳐 투게더!
Let's take a picture together!

이 사진들 보내드릴까요?
두 유 원 미 투 센드 디이즈 포토스 투 유?
Do you want me to send these photos to you?

제 소셜 네트워크 계정에 이 사진을 올려도 될까요?
캔 아이 업로드 디스 포토 온 마이 에스엔에스 어카운트?
Can I upload this photo on my SNS account?

여행에 유용한 앱

해외안전여행

외교부에서 제공하는 공식 어플로 위기 상황 대처메뉴얼, 여행경보, 영사관 콜센터, 현지 긴급 구조 등의 기능을 이용할 수 있다. 안전한 해외여행을 위한 어플이다.

야후 날씨

세계 여러 나라의 날씨를 알 수 있는 어플로 10일간 예상 기온 및 24시간 상세 날씨 정보, 습도, 자외선 지수, 강수확률 등을 제공한다. 여행전 미리 체크하여 옷을 갖춰입고 대비하는 것이 좋다.

구글 지도

여행자들에게 가장 인기있는 지도 어플이다. 운전, 자전거, 도보 이동, 대중교통 길찾기 등 여러 방법으로 길을 찾을 수 있고 스트리트 뷰와 저장기능이 있어 여행에 편리하다.

환율계산기

현재 정보에 따라 여러 나라의 환율정보를 원화 알 수 있는 어플이다. 여러 나라의 환율정보를 한번에 확인할 수 있어 다수의 나라를 여행 할 때 특히 도움이 된다.

TripAdvisor 트립어드바이저

호텔 및 숙소 정보와 현재 위치의 주변 지역 정보를 탐색하는 어플이다. 주로 맛집을 찾을 때 많이 사용된다. 다른 이용자의 여행을 참고하여 자신의 여행을 계획하고 예약할 수 있다.

우버

해외 여행 중 택시 및 개인 차량을 현재 위치로 불러 탑승하는 어플이다. 기사님의 사진과 차량 정보, 평점을 알 수 있으며 앱에 카드를 등록하여 현금 없이 이용 할 수 있다.

국경일 정보

	미국	영국	호주
1월	1일 New Year's Day 새해 첫날 Martin Lutter King's Day (세 번째 월요일) 마틴루터킹의 날	1일 New Year's Day 새해 첫날	1일 New Year's Day 새해 첫날 26일 Australia Day 호주 건국 기념일
2월	President's day (세번째 월요일) 대통령의 날		
3월			Good Friday (부활절 전 금요일) 성금요일
4월		Good Friday (부활절 전 금요일) 성금요일 Easter Monday (부활절 후 월요일) 부활절 월요일	Easter Monday (부활절 후 월요일) 부활절 월요일 25일 Anzac Day 앤잭 기념일
5월	Memorial Day (마지막 월요일) 전몰장병기념일	May Day (첫 번째 월요일) 노동절 Spring Bank Holiday (마지막 월요일) 공휴일	
6월			
7월	4일 Independence Day 독립기념일		
8월		Summer Bank Holiday (마지막 월요일) 공휴일	
9월	Larbor Day (첫째 월요일) 근로자의 날		
10월	Columbus Day (둘째 월요일) 콜럼버스 기념일		
11월	11일 Veterans Day 재향군인의 날 Thanksgiving Day (네 번째 목요일) 추수감사절		
12월	25일 Christmas Day 크리스마스	25일 Christmas Day 크리스마스 26일 Boxing Day 박싱 데이	25일 Christmas Day 크리스마스 26일 Boxing Day 박싱 데이

팁 주기

팁 문화는 이것이 따로 없는 우리에게는 생소한 개념이다. 그래서 많은 한국인들이 호텔과 레스토랑 등에서 당황하거나, 자신도 모르는 새 인색한 외국인이 되어 빈축을 사기도 한다. 하지만 조금만 알면 전혀 어려울 것이 없다. 팁, 제대로 알고 내보자. (이 글은 팁 문화가 가장 활발한 미국을 기준으로 작성하였다.)

호텔에서

- **벨보이**
  호텔의 로비에서부터 방까지 짐을 들어주는 벨보이에게 방 도착후 $1-2 정도의 팁을 준다.
- **메이드 서비스**
  시트와 타월을 갈아주고 청소를 해주는 메이드를 위해 하루에 $3-5 정도 침대 옆 스탠드에 두고 나온다.방식은 침대나 침대 옆에 남겨두는 방식으로 준다. 다만 시트를 갈아주지 않거나 요청 없이는 따로 청소를 해주지 않는 등 따로 정리를 해주지 않는다면 팁을 하지 않아도 좋다.
- **룸 서비스**
  방에서 음식을 시켰을 경우에는 서비하는 사람에게 음식값의 15% 정도의 팁을 준다.
- **도어맨**
  호텔 입구에서 택시를 불러주는 도어맨 또는 주차한 차를 가져다주는 주차맨들에게 $1-2 정도의 팁을 준다.
- **발레파킹**
  발레파킹 (대리 주차) 요금이 정해진 경우에는 따로 주지 않아도 되나 정해져 있지 않은 경우에는$1-2정도의 팁을 준다.
- **택시**
  택시 요금의 15% 정도 주며 짐이 많은 경우에는 20%까지도 준다.

레스토랑에서

보통 미국의 식당에서는 식대와 세금을 포함한 금액의 15~20% 정도를 팁으로 준다. 물론 엉망인 서비스에 대한 항의의 표현으로 팁을 놓지 않거나, 10% 정도만 지불할 수도 있지만 15% 이상 주는 것이 일반적이다. 고급 레스토랑에서는 20%이상을 주기도 한다. 식당에서는 보통 테이블마다 담당 서버가 정해져 있다. 그렇기에 필요한 것이 있다면 조용히 손을 들어주면 된다. 보통 결제는 앉아서 담당 서버에게 계산서를 요청하면 가져온다.

팁은 현찰이나 카드로 낼 수 있으나 카드로 낼 때는 서명할 때 금액을 직접 적는다. 단, 간혹 팁을 포함시킨 계산서가 나오는 식당이 있는데 이럴 경우에는 영수증에 쓰여있으니 영수증을 꼼꼼히 확인하는 것이 좋다. (Gratuity란 단어로 쓰여있는 경우도 있다. =Tip) 또한 쿠폰 등을 사용해 총 금액이 아주 적게 나온 경우라도 원래 음식값을 기준으로 팁을 계산해야 한다. 그럼 현금/카드 등 원하는 지불수단을 계산서 위에 올려놓으면 서버가 가져가서 결제를 진행해준다. 이후 영수증을 2장 가져오는데 한 장은 업소 보관용(Restaurant Copy 또는 Merchant Copy)이고, 한 장은 고객 보관용 (Customer Copy)이다. 이 두 영수증에 원하는 팁 액수를 기입하여 총액(Total Amount)까지 기입해준다.

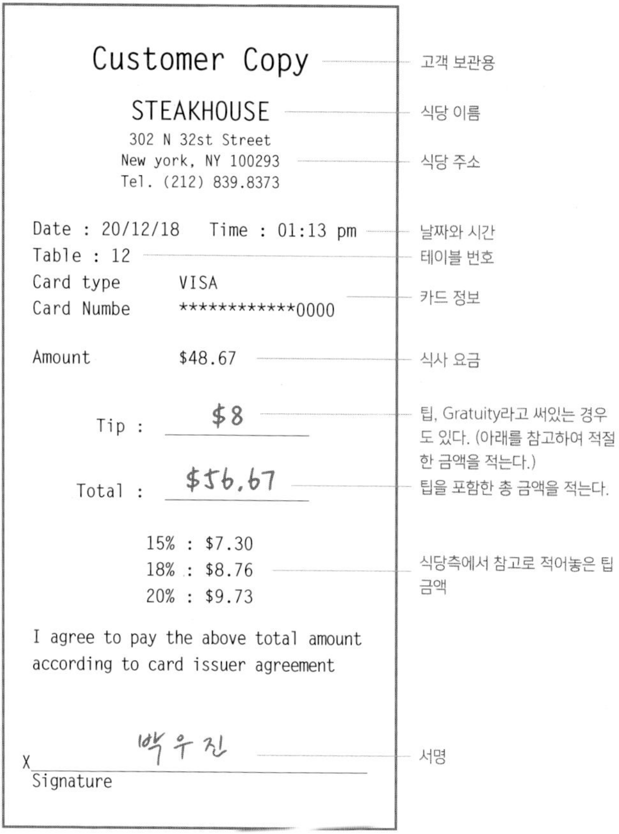
Customer Copy

STEAKHOUSE
302 N 32st Street
New york, NY 100293
Tel. (212) 839.8373

Date : 20/12/18 Time : 01:13 pm
Table : 12
Card type VISA
Card Numbe ************0000

Amount $48.67

Tip : $8

Total : $56.67

15% : $7.30
18% : $8.76
20% : $9.73

I agree to pay the above total amount according to card issuer agreement

X 박우진
Signature

응급 상황

약국에서

병원 접수, 문진

진찰 및 처방

분실, 실종

도움 요청하기

사고 신고하기

증상표

처방전 없이 살 수 있는 약

비상연락망

약국에서

______에 듣는 약 있습니까?

➡ 두 유 헤브 애니띵 포 ______?

Do you have anything for ______?

⚠ 감기에 듣는 약 있습니까?

두 유 헤브 애니띵 포 어 콜드?

Do you have anything for a cold?

⚠ 설사에 듣는 약 있습니까?

두 유 헤브 애니띵 포 다이어리아?

Do you have anything for diarrhea?

⚠ 멀미에 듣는 약 있습니까?

두 유 헤브 애니띵 포 카 씨크니스?

Do you have anything for car sickness?

⚠ 근육통에 듣는 약 있습니까?

두 유 헤브 애니띵 포 머스큘러 페인?

Do you have anything for muscular pain?

words

constipation	변비	period pains	생리통
pills	알약	liquid medicine	물약
ointment	연고	side effects	부작용
prescription	처방전	over the counter	일반 의약품

들어보자!

처방전이 있으십니까?
두 유 헤브 어 프리스크립션?
Do you have a prescription?

복용하고 계신 약이 있습니까?
아 유 테이킹 애니 메디케이션?
Are you taking any medication?

자기 전에 두 알 드세요.
테익 투 태블릿 비포어 베드타임.
Take two tablets before bedtime.

한 알씩 하루에 3번 드세요.
헤브 원 쓰리 타임즈 어 데이.
Have one three times a day.

좀 더 말해보자!

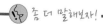

하루에 몇 알씩 먹어야 하나요?
하우 매니 필즈 두 아이 헤브 투 테이크 어 데이?
How many pills do I have to take a day?

발생할 수 있는 부작용이 있나요?
아 데얼 애니 파서블 사이드 이펙츠?
Are there any possible side effects?

이걸 처방전 없이 살 수 있을까요?
캔 아이 바이 잇 오버 더 카운터?
Can I buy it over the counter?

이 약을 먹으면 잠이 오나요?
더즈 잇 메익 미 드로우지?
Does it make me drowsy?

병원에 가야할까요?
두 아이 헤브 투 씨 어 닥터?
Do I have to see a doctor?

병원 접수, 문진

____이 있어요.

→ 아이 헤브 ____

I have ____.

⚠ 심한 기침이 있어요.

아이 헤브 어 배드 커프.

I have a bad cough.

⚠ 속쓰림(소화불량)이 있어요.

아이 헤브 하트번.

I have heartburn.

⚠ 화상이 있어요.

아이 헤브 번즈.

I have burns.

⚠ 발목 염좌(접질림)가 있어요.

아이 헤브 어 스프레인드 앵클.

I have a sprained ankle.

words

symptom	증상	dizziness	어지럼증
runny nose	코흘림	stuffy nose	코막힘
fever	열	sore throat	목 아픔(인후통)
headache	두통	stomachache	복통, 위통

들어보자!

호명되실 때까지 여기서 기다려주세요.
플리즈 웨잇 히어 언틸 위 콜 유어 네임.
Please wait here until we call your name.

어디가 불편하세요?
웨얼 더즈 잇 헐트?
Where does it hurt?

언제부터 아프셨어요?
웬 디드 잇 스타트 헐팅?
When did it start hurting?

다른 증상도 있으신가요?
두 유 헤브 애니 아덜 심틈스?
Do you have any other symptoms?

좀 더 말해보자!

의사 선생님을 뵐 수 있을까요?
아이드 라익 투 씨 어 닥터.
I'd like to see a doctor.

얼마나 기다려야할까요?
하우 롱 두 아이 헤브 투 웨잇?
How long do I have to wait?

밤에는 더 심해져요.
잇 겟츠 월스 앳 나잇.
It gets worse at night.

전에도 같은 증상이 있었어요.
아이 헤브 더 헤드 쎄임 심틈스 비포어.
I have had the same symptoms before.

심각한가요?
이즈 잇 시리어스?
Is it serious?

진찰 및 처방

____부터 이랬어요.

➡ 잇츠 빈 라익 디스 씬스 ____.

It's been like this since ____.

⚠ 어젯밤부터 이랬어요.

잇츠 빈 라익 디스 씬스 래스트 나잇.

It's been like this since last night.

⚠ 일어났을 때 부터 이랬어요.

잇츠 빈 라익 디스 씬스 아이 워크 업.

It's been like this since I woke up.

⚠ 계단에서 넘어졌을 때 부터 이랬어요.

잇츠 빈 라익 디스 씬스 아이 펠 다운 더 스테얼스.

It's been like this since I fell down the stairs.

⚠ 점심 먹고 나서부터 이랬어요.

잇츠 빈 라익 디스 씬스 아이 에잇 런치.

It's been like this since I ate lunch.

words

pain	통증	go bad	나빠지다
blood pressure	혈압	blood test	혈액 검사
cast	깁스	endoscope	내시경
result	결과	health care	의료 보험

들어보자!

여길 만지면 아프세요?
더즈 잇 헐트 웬 아이 터치 히얼?
Does it hurt when I touch here?

체온 좀 재겠습니다.
렛 미 테익 유어 템퍼러쳐.
Let me take your temperature.

어디 알레르기 있으신가요?
두 유 헤브 애니 알러지스?
Do you have any allergies?

주사를 놔드리겠습니다.
위 아 고잉 투 기브 유 어 샷.
We are going to give you a shot.

좀 더 말해보자!

내일 비행기에 탈 수 있을까요?
캔 아이 테익 투머로우스 플라잇?
Can I take tomorrow's flight?

검사 결과는 언제 나오나요?
웬 캔 아이 겟 더 리절트?
When can I get the result?

입원해야 할까요?
두 아이 헤브 투 비 호스피털라이즈드?
Do I have to be hospitalized?

총 진찰비가 얼마나 나올까요?
하우 머치 윌 잇 코스트 인 토털?
How much will it cost in total?

의료보험처리를 위해 영수증을 발급받고 싶어요.
아이드 라익 투 겟 어 리시트 포 마이 메디컬 인슈어런스.
I'd like to get a receipt for my medical insurance.

분실, 실종

를 잃어버렸어요.

→ 아이 헤브 로스트

I have lost .

⚠ 지하철에서 가방을 잃어버렸어요.

아이 헤브 로스트 마이 백 온 더 서브웨이.

I have lost my bag on the subway.

⚠ 어딘가에서 지갑을 잃어버렸어요.

아이 헤브 로스트 마이 월릿 썸웨어.

I have lost my wallet somewhere.

⚠ 시장에서 아이를 잃어버렸어요.

아이 헤브 로스트 마이 차일드 인 더 마켓.

I have lost my child in the market.

⚠ 집에 오는 길에 핸드폰을 잃어버렸어요.

아이 헤브 로스트 마이 폰 온 더 웨이 백 홈.

I have lost my phone on the way back home.

words

missing	없어진, 실종된	left	두고 왔다
find	찾다	appearance	외모, 모습
describe	묘사, 서술하다	feature	특징, 특성
valuables	귀중품	location tracking	위치 추적

들어보자!

마지막으로 본 게 언제죠?
웬 워즈 더 래스트 타임 유 쏘 잇?
When was the last time you saw it?

이게 당신이 찾고 있던 건가요?
이즈 디스 왓 유 아 루킹 포?
Is this what you are looking for?

그 사람이 어떻게 생겼는지 말해주세요.
텔 미 왓 쉬 룩스 라익.
Tell me what she looks like.

함께 그를 찾아봅시다.
렛츠 파인드 힘 투게더.
Let's find him together.

좀 더 말해보자!

거기 내 이름을 적어놨어요.
아이 헤브 마이 네임 온 잇.
I have my name on it.

분실물 센터가 어딨는지 가르쳐주시겠어요?
캔 유 텔 미 웨얼 이즈 더 로스트 앤 파운드?
Can you tell me where is the lost-and-found?

미아 찾기 방송은 어디서 하나요?
웨얼 캔 아이 메익 언 어나운스먼트 포 미씽 췰드런?
Where can I make an announcement for missing children?

검은 머리에 갈색 눈동자, 노란 티셔츠와 청바지를 입고 있어요.
블랙 헤어, 브라운 아이즈, 웨어링 어 옐로 티셔츠 앤 블루 진스.
Black hair, brown eyes, wearing a yellow t-shirt and blue jeans.

분실한 신용카드를 취소하고 싶습니다.
아이드 라익 투 캔슬 마이 미씽 크레딧 카드.
I'd like to cancel my missing credit card.

도움 요청하기

___ 신고해주세요.

→ 플리즈 콜 ___

Please call ___.

⚠ 911(긴급전화번호)에 신고해주세요.

플리즈 콜 나인 원 원.

Please call 911.

⚠ 경찰에 신고해주세요.

플리즈 콜 더 폴리스.

Please call the police.

⚠ 이 번호로 신고해주세요.

플리즈 콜 디스 넘버.

Please call this number.

⚠ 한국 대사관으로 신고해주세요.

플리즈 콜 더 코리안 엠버씨.

Please call the Korean embassy.

words

accident	(우연한)사고	ambulance	구급차
get hurt	다치다	get hit by a car	차에 치이다
trapped	갇히다	drowning	익사하는
cop	경찰	fire fighter	소방관

들어보자!

어떻게 된 일입니까?

왓 해픈드 히얼?

What happened here?

경찰을 부르셨나요?

디 쥬 콜 더 폴리스?

Did you call the police?

도움을 줄만한 사람을 데려올게요.

아 윌 브링 썸원 후 캔 헬프 유.

I will bring someone who can help you.

침착하세요. 괜찮을 겁니다.

스테이 캄. 잇츠 거너 비 올롸잇.

Stay calm. It's gonna be alright.

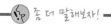

좀 더 말해보자!

도와주세요! 누가 저 좀 도와주세요!

헬프! 썸바디 헬프 미!

Help! Somebody help me!

서둘러주세요. 친구가 피를 흘리고 있어요.

플리즈 허리. 마이 프렌드 이스 블리딩.

Please hurry. My friend is bleeding.

한국어 할 줄 아는 사람 있나요?

캔 애니바디 스피크 코리안?

Can anybody speak Korean?

갑자기 의식을 잃고 쓰러졌어요.

히 써든리 로스트 컨셔스니스 앤 페인티드.

He suddenly lost consciousness and fainted.

제가 걷는 것 좀 도와주실래요?

우 쥬 헬프 미 워크?

Would you help me walk?

사고 신고하기

______를 신고하고 싶은데요.

→ 아 원 투 리포트 ______

I want to report ______.

⚠ 절도를 신고하고 싶은데요.

아 원 투 리포트 어 떼프트.

I want to report a theft.

⚠ 실종을 신고하고 싶은데요.

아 원 투 리포트 어 미씽 퍼슨.

I want to report a missing person.

⚠ 차량 사고를 신고하고 싶은데요.

아 원 투 리포트 어 카 액시던트.

I want to report a car accident.

⚠ 폭언을 신고하고 싶은데요.

아 원 투 리포트 어뷰시브 랭귀지.

I want to report abusive language.

words

pickpocket	소매치기	racist	인종 차별 주의자
sexual Harassment	성희롱	assault	폭행
robbery	강도	fine	벌금
lawyer	변호사	right	권리

들어보자!

여기 앉으셔서 무슨 일이 있었는지 설명해주세요.
헤브 어 씻 앤 텔 미 왓 헤픈드.
Have a seat and tell me what happened.

이 서류 좀 작성해주시겠어요?
우 쥬 필 아웃 디스 폼 플리즈?
Would you fill out this form please?

최근에 수상한 사람을 본 적이 있습니까?
헤브 유 씬 애니 써스피셔스 피플 리센틀리?
Have you seen any suspicious people recently?

좀 더 구체적으로 말씀해주시겠어요?
캔 유 디스크라이브 에니띵 모어 스페시픽?
Can you describe anything more specific?

좀 더 말해보자!

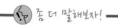

저는 외국인입니다. 통역사가 필요할 것 같아요.
아임 어 포리너. 아이 띵크 아이 니드 어 트랜스레이터.
I'm a foreigner. I think I need a translator.

한국 대사관에 연락 좀 해주시겠어요?
우 쥬 콜 더 코리안 엠버씨?
Would you call the Korean embassy?

사고였어요. 그녀가 갑자기 튀어나왔어요.
잇 워즈 언 액시던트. 쉬 케임 아웃 올 오브 서든.
It was an accident. She came out all of sudden.

그들은 아무 이유없이 나를 모욕했어요.
데이 인썰티드 미 포 노 리즌.
They insulted me for no reason.

그가 교통 규칙을 위반했어요. 저는 피해자에요.
히 바이얼레이티드 더 트래픽 로우. 아임 어 빅팀 히얼.
He violatod the traffic law. I'm a victim here.

증상표 (p.127 참고)

가려움	itch
감기	cold
감염	infection
골절	fracture
근육통	muscle pain, sore muscle
(심한) 기침	(heavy) cough
두통	headache
멍	bruise
메스꺼움, 울렁거림	nausea
물집	blister
발진	rash
베이다	get a cut
변비	constipation
부어 오른 목, 후두염	sore throat
부어오르다	swell up
불면증	insomnia
생리통	period pain
설사	diarrhea
어지럼증	dizziness
열, 열병	fever
열상, 찢어짐	laceration
염좌	sprain
오한	chills
위통, 복통	stomachache
입병	cold sore
찰과상	abrasion, scratch
출혈	bleeding
치통	toothache
코막힘	stuffy nose
코피	nose bleed
현기증, 실신할 것 같은 상태	faintness
흐르는 콧물	runny nose

처방전 없이 살 수 있는 약

응급상황시 근처 Drugstore(잡화상을 겸한 약국)에서 처방전 없이 구할 수 있다. 그러나 아래의 내용은 참고용으로 보다 정확한 처방을 위해서는 약사와 상의하는 것이 좋다.

약 이름

- **종합 감기약 :** Comtrax, Theraflu, Tylenol
  ※ 단순 감기는 Cold, 심한 감기는 Flu로 표시되어 있다.
- **알러지약 :**
  재채기, 콧물, 눈 가려움, 목가려움 : Allegra
  기침, 가려움증, 발진, 콧물, 재채기 : Benadryl (매우 졸릴 수 있다.)
  기침과 재채기 : Claritin (졸립지 않아 낮에 사용가능하다.)
- **소화제 :** Alka-Seltzer
- **변비약 :** Dulcolax, Metamucil, Ex-Lax
- **설사약 :** Imodium, Bacid, Lactinex
- **어지럼, 구토, 울렁거림 :** Dramamine
- **편두통 :** Excedrin
- **해열 진통제 :** Tylenol
- **기타 두통/해열제 :** Aspirin, Bufferin
- **진통제 :** Advil, Aspirin, Bufferin, Ecotrin, Ibuprofen
- **바르는 상처 연고 :** Neosporin
- **간지러울 때 바르는 약 :** Benadryl : Caladryl, Cortaid
- **타박상, 근육통 :** Absorbine(물파스), Mineral Ice(크림), Sports Creme(크림), Salonpas (붙이는 파스)
- **벌레에 물렸을 때 :** Bactine
- **입안 염증 연고 :** Anbesol, Orabase, Zilactin

비상연락망

긴급 구조 번호

한국, 일본, 대만	119
미국	911
영국, 홍콩	999
호주	000
뉴질랜드	116
싱가포르	995
프랑스	18
독일, 벨기에, 스페인	112

영사콜센터

영사콜센터는 해외에서 사건·사고 또는 긴급한 상황에 처한 우리 국민들에게 도움을 주기 위해 연중무휴 24시간 상담서비스를 제공하고 있다.

- **국내 이용 시**

  02-3210-0404

  ※ 0번 : 상담사 연결
  1번 : 사건,사고
  2번 : 외국어 통역 서비스
  3번 : 여권 업무
  4번 : 해외 이주 안내
  5번 : 영사 서비스업무 안내

- **해외 이용 시**

  휴대폰 자동로밍을 할 경우 현지 입국과 동시에 받게 되는 문자메시지(영사콜센터 발송)에서 통화버튼으로 연결된다.

  ※ 유료연결 : 현지국제전화코드 + 82-2-3210-0404
  무료연결 : 현지국제전화코드 + 800-2100-0404 / + 800-2100-1304
  국제자동콜렉트콜(Auto Collect Call) : 국가별 접속번호 + 5번

대사관

※ 재외공관 근무 시간 중에는 공관대표번호를, 그 외 시간에는 긴급연락처를 이용한다.

미국

공관대표번호 : +(1) 202-939-5600 / 긴급연락처 : +(1) 202-641-8746

캐나다

공관대표번호 : +(1) 613-244-5010 / 긴급연락처 : +(1) 613-986-0482

영국

공관대표번호 : +(44) 20-7227-5500 / 긴급연락처 : +(44) 78-7650-6895

아일랜드

공관대표번호 : +(353) 1-660-8800 / 긴급연락처 : +(353) 87-234-9226

호주

공관대표번호 : +(61) 2-6270-4100 / 긴급연락처 : +(61) 408-815-922

뉴질랜드

공관대표번호 : +(64) 4-473-9073 / 긴급연락처 : +(64) 21-0269-3271

싱가포르

공관대표번호 : +(65) 6256-1188 / 긴급연락처 : +(65) 9654-3528

필리핀

공관대표번호 : +(63) 2-856-9210 / 긴급연락처 : +(63) 917-817-5703

ABC

부록

단어 모음

인덱스

word

공항, 기내

accept	받아들이다
airline	항공사
aisle	통로
baggage	짐, 수하물
basket	바구니
bills	지폐
blanket	담요
boarding	탑승
boarding pass	탑승권
bring	가져오다
brochure	안내 책자
brought	가져왔다
cancelled	취소된
cash	현금
check	수표
crrency	통화
damaged	파손된
daughter	딸
declare	신고하다
delayed	지연된
destination	목적지, 도착지
discount	할인
drink	음료
duty-free	면세
electronics	전자 기기
empty	비우다, 빈
excess	초과
exchange	교환
exchange	환전
exchange rate	환율
exit	출구
flight	항공편
fragile	손상되기 쉬운
gate	탑승구
inside	내부의
inspection	점검, 검사
just in case	만약을 대비하여
kick	발로 차다
laptop	노트북
layover	경유
limit	한계, 한도
local	현지의, 지역의
passenger	승객
passport	여권
per person	1인당
pocket	주머니
prefer	선호하다
problem	문제
prohibited	금지된
purchase	구매(한 물품)
purpose	목적
restroom	화장실
return	귀환, 돌아가다
seat	자리, 좌석
seat belt	안전 벨트
security	보안
snack	간식
son	아들
staff	직원
stay	체류, 머무르다
total	총(액)
transit	환승
travel	여행
vacation	휴가, 방학
visit	방문

교통

add	더하다
address	주소
adult	성인
airport	공항
break down	고장
bus stop	버스 정류장
by the meter	미터기에 따라
cab	택시

change	거스름돈, 잔돈
child(ren)	아이(들)
cost	비용(이 들다)
depart	출발하다
direction	방향
downstairs	아래층
downtown	시내, 도심
drop off	내리다
emergency	비상
fee	수수료, 요금
free	무료
gas station	주유소
gasoline	휘발유
get off	내리다
insurance	보험
keep	유지하다, 지니다
left	왼쪽
license	허가, 면허
miss	놓치다, 지나가다
museum	박물관
one-way	편도
out of stock	품절, 매진
parking	주차
pull over	차를 세우다
rent	빌리다
repeat	한 번 더 말하다
resident	거주자, 투숙객
right	오른쪽
right	옳은
roughly	대략
round-trip	왕복
route map	노선도
senior	연장자
sit	앉다
station	역, 정거장
straight	곧바로, 직진
stranger	처음 온 사람
subway	지하철, 전철
the other side	건너편
through	~를 통하여
ticket office	매표소
time table	시간표
tow away	강제 견인
traffic light	신호등
transfer	갈아타다
validation	확인증
vehicle	탈 것
wrong	틀린, 잘못된

숙박

access	접속하다
additional	추가의, 부가적인
amenity	생활 편의 용품
book	예약하다
building	건물
cause	야기하다, 초래하다
charge	요금
closed	영업 종료
convenience store	편의점
currency exchange	환전소
date	날짜, 시기
defference	차이
deposit	보증금
do not disturb	방해 금지, 입실 사절
facility	시설
floor	층
forget	잊어버리다
gym	운동 시설
hard copy	출력본
how to use	사용법
in advance	미리, 선금으로
inclusive	경비가 포함된
kind	종류, 유형
lend	빌려주다
market	시장
nearby	근처
next to	~옆에
ocean	바다
on foot	도보로
opened	영업중
order	주문(하다)
parents	부모
parmacy	약국

password	비밀번호
provide	제공하다
remote	원격 조절
right away	즉시, 바로
room rate	객실 요금
sauna	사우나
serve	제공하다
sharing	공유, 나눔
show	보여주다
skip	건너뛰다
soon	곧, 이내
store	보관하다
temperature	온도, 기온
view	경관, 전망
weekend	주말

식사

after	~후에
again	다시
appetizer	전채 요리
available	이용할 수 있는
before	~전에
beverage	음료
bitter	쓴
break time	휴식 시간
burnt	탄, 그을린
check	계산서
cold	차가운
drink	음료
enjoy	즐기다
fresh	신선한
fully booked	예약이 꽉 차다
half	절반
high chair	유아용 의자
include	포함하다
leftover	남은 음식
main dishes	주식 요리
meal	식사
near	가까운
opening hours	영업 시간
outside	밖의
overcooked	지나치게 익힌
parking pass	주차권
people	사람들
place	장소
quiet	조용한
recommend	추천하다
separately	따로따로, 각기
side dishes	곁들이는 요리
sold out	매진, 품절
sour	시큼한
spicy	양념 맛이 강한
sweet	달콤한
switch	(서로) 바꾸다
together	함께
vegetarian	채식주의자
waiting list	대기 명단
wipe	닦다

쇼핑

altogether	모두 합쳐, 총
bargain	흥정
cheap	값 싼
clerk	점원, 직원
credit card	신용 카드
customer service	고객 서비스
defected	결함이 있는
discount	할인(하다)
expensive	비싼
gift certificates	상품권
installment	할부 지급
look for	찾다, 구하다
offer	제안
out of stock	품절, 매진
perfume	향수
policy	정책, 방침
popular	인기 있는
price	가격
product	상품, 제품
proof	증거, 증명
properly	제대로, 적절히
purchase	구매하다

reason	이유
receipt	영수증
refund	환불하다
return	반납하다
scratched	긁힌
single payment	일시불
sportswear	스포츠 의류
take off	벗다
try on	입어보다
unable	할 수 없는
undewear	속옷
used	사용된
valid	유효한
warranty	품질 보증서
window-shopping	아이쇼핑
without	~없이
work	작동하다
wrap	포장하다

관광

actor	배우
admission fee	입장료
alternative	대안
applause	박수 갈채
attraction	명소
ban	금하다
best seller	인기 상품
cheer	응원
choice	선택(권)
commentary	해설, 논평
confirm	확인하다
curator	큐레이터
encore	앙코르, 재청
exhibition	전시
extra charge	추가 요금
full house	만석
gift shop	기념품점
head count	인원 조사
history	역사
horizontally	가로로
intermission	(공연 중간) 휴식 시간
landmark	랜드마크, 대표 건물
local	지역의
memory	추억
night view	야경
on the spot	현장, 즉석에서
one more time	한 번 더
origin	유래
pasterpiece	명작
penalty	위약금, 불이익
permission	허락, 허가
personnel	인원
pick up	픽업, 마중
portrait	초상화, 인물사진
rain check	우천 교환권
recommendation	추천
recording	녹음, 녹화
register	등록하다
rest area	휴게소
role	역할, 배역
scenery	경치, 풍경
showcase	진열장
smile	웃다
stop by	잠시 들르다
suitable	적합한
tale	설화
taste	취향, 입맛
vertically	세로로

응급 상황

accident	(우연한)사고
ambulance	구급차
appearance	외모, 모습
assault	폭행
blood pressure	혈압
blood test	혈액 검사
cast	깁스
constipation	변비
cop	경찰
describe	묘사, 서술하다
dizziness	어지럼증
drowning	익사하는

endoscope	내시경
feature	특징, 특성
fever	열
find	찾다
fine	벌금
fire fighter	소방관
get hit by a car	차에 치이다
get hurt	다치다
go bad	나빠지다
headache	두통
health care	의료 보험
lawyer	변호사
left	두고 왔다
liquid medicine	물약
location tracking	위치 추적
missing	없어진, 실종된
ointment	연고
over the counter	일반 의약품
pain	통증
period pains	생리통
pickpocket	소매치기
pills	알약
prescription	처방전
racist	인종 차별 주의자
result	결과
right	권리
robbery	강도
runny nose	코흘림
sexual harassement	성희롱
side effects	부작용
sore throat	목 아픔(인후통)
stomachache	복통, 위통
stuffy nose	코막힘
symptom	증상
trapped	갇히다
valuables	귀중품

Index

공항, 기내

교통

숙박

식사

쇼핑

관광

응급 상황